LES ISMAÉLIENS
D'ASIE DU SUD

© L'Harmattan, 2007
5-7, rue de l'Ecole polytechnique ; 75005 Paris
http://www.librairieharmattan.com
diffusion.harmattan@wanadoo.fr
harmattan1@wanadoo.fr

ISBN : 978-2-296-06087-6
EAN : 9782296060876

SOUS LA DIRECTION DE
MICHEL BOIVIN

LES ISMAÉLIENS D'ASIE DU SUD

Gestion des héritages
et productions identitaires

Préface de Denis Matringe

Directeur du Centre d'Etudes
de l'Inde et de l'Asie du sud CNRS-EHESS

L'HARMATTAN

Recherches Asiatiques
Collection dirigée par Philippe Delalande

Dernières parutions

Michel NAUMANN et Fabien CHARTIER, *La Guerre d'indépendance de l'Inde 1857-1858*, 2008.
Cyril BERTHOD, *La Partition du Bengale*, 2008.
Jean-Marie THIEBAUD, *La Présence française au Japon, du XVIe siècle à nos jours*, 2008.
Ami-Jacques RAPIN, *Opium et société dans le Laos précolonial et colonial*, 2007.
Louis AUGUSTIN-JEAN et Florence PADOVANI (dir.), *Hong Kong : économie, société, culture*, 2007.
Gérard Gilles EPAIN, *Indo-Chine, une histoire coloniale oubliée*, 2007.
François ROBINNE, *Prêtres et chamanes, métamorphoses des Kachin de Birmanie*, 2007.
Im FRANÇOIS, *La question cambodgienne dans les relations internationales de 1979 à 1993*, 2006.
Jeong-Im HYUN, *Corée, la transition vers la démocratie sous la pression étudiante dans les années 1980*, 2005.
Jean-Marie THIEBAUD, *La présence française en Corée de la fin du XVIIIème siècle à nos jours*, 2005.
Amaury LORIN, *Paul Doumer, gouverneur général de l'Indochine(1897-1902)*, 2004.
Philippe GRANDJEAN, *L'Indochine face au Japon 1940 – 1945*, 2004.
Pascale COULETE, *Dire la prostitution en Chine : terminologie et discours d'hier à aujourd'hui*, 2003
Éric GUERASSIMOFF, *Chen Jiageng et l'éducation*, 2003.
Jean DEUVE, *Le Royaume du Laos 1949-1965,*2003.
Pascale BEZANCON, *Une colonisation éducatrice ?*, 2002.
Albert-Marie MAURICE, *Croyances et pratiques religieuses des montagnards du centre-Vietnam*, 2002.
Guilhem FABRE, *Chine : crises et mutation*, 2002.

DU MEME AUTEUR

Histoire de l'Inde, PUF, 2005 (3ᵉ éd.)

Le Pakistan, PUF, 1996

Les Ismaéliens, Türnhout (Belg.), Brepols, 1998

La rénovation du shî`isme ismaélien en Inde et au Pakistan – d'après les discourse et les écrits de Sultân Muhammad Shâh Agha Khan (1902-1954), Londres, RoutledgeCurzon, 2003.

(Ed.) *Sindh Through History and Representations: French Contributions to Sindhi Studies*, Karachi, Oxford University Press, 2008

REMERCIEMENTS

Ce volume fait suite à une journée d'études organisée grâce au soutien de l'Institut d'Etudes de l'Islam et des Sociétés Musulmanes (IISMM, EHESS) et du Centre d'Etudes de l'Inde et de l'Asie du sud (CEIAS, CNRS-EHESS). Je remercie Daniel Rivet, directeur de l'IISMM, d'avoir accepté d'héberger cette journée dans des conditions remarquables. Je remercie également Denis Matringe, directeur du CEIAS, d'avoir grandement favorisé la mise en œuvre d'un soutien financier de la part de l'institution qu'il dirige.

Pour des raisons diverses, trois communications présentées lors de cette Journée n'ont pas été reproduites dans ce volume.

AVERTISSEMENT

Aucune tentative d'uniformiser les translitérations n'a été entreprise. Il faut en outre préciser qu'il n'existe parfois pas de translitération officielle, pour le gujarati par exemple, et que l'orthographe de certains termes est souvent très variable au sein des usagers eux-mêmes. Sachant enfin que cette collection s'adresse au public le plus large, il ne paraissait pas utile de surcharger le texte de signes diacritiques rébarbatifs pour le non initié.

Préface

Denis Matringe

Réseaux, propagandisme missionnaire et « appel », politique, commerce : autant de caractéristiques de l'activité des ismaéliens, membres d'un courant islamique issu du chiisme duodécimain au 8ᵉ siècle et qui, au fil du temps, connut lui-même plusieurs schismes. Ésotérique, initiatique et fortement hétérodoxe par rapport au sunnisme majoritaire de l'époque du califat abbasside, le mouvement ismaélien à ses débuts fonctionne largement comme une organisation secrète révolutionnaire. À l'époque de la mondialisation islamique, et malgré les persécutions, ses missionnaires font, dès le dernier quart du 9ᵉ siècle, de nombreux adeptes en Perse, à Bahreïn, au Yémen et jusqu'en Inde. Le succès politique vient au début du siècle suivant, avec la fondation, en pays berbère, du califat fatimide, qui domine bientôt l'Égypte et la Syrie et se pose en rival de Bagdad. Du côté de l'Inde, un État ismaélien vassal des Fatimides est même fondé en 958 dans le Sind et le Panjab, autour de Multan.

Au 11ᵉ siècle, un conflit de succession pour le califat provoque la scission du mouvement en deux branches rivales, la Mustaliyya et la Nizariyya, qui se traduit en Asie du Sud par la formation de groupes parallèles, respectivement les Bohras, plus tournés vers le Yémen, et les Khojas, dont l'histoire passe par l'Iran des Assassins retranchés dans des nids d'aigle au nord de la Perse et en Syrie. En Inde, où chacun de ces groupes a connu à son tour des scissions, les ismaéliens, outre le Sind et le Panjab, se sont surtout implantés au Gujarat : les quelque deux millions de Khojas et cinq cents mille Bohras forment aujourd'hui dans le pays de prospères communautés marchandes, avec une longue histoire d'expatriation, notamment vers l'Afrique, mais aussi vers l'Europe et l'Amérique du Nord. De cette implantation indienne et de cette dispersion sont nés des réseaux qui se sont remarquablement adaptés à la mondialisation en cours.

L'histoire du mouvement a été bien étudiée dans l'univers académique, et plusieurs générations de savants se sont penchées sur les textes ismaéliens. Mais beaucoup reste à faire sur ces héritages, dont de nouveaux documents deviennent accessibles, et beaucoup aussi sur les ismaéliens aujourd'hui, qu'il s'agisse de leurs activités marchandes, des formes de leur organisation, de leur accommodation au milieu indien et aux sociétés des pays où ils se sont installés en nombre, de l'évolution de leurs attitudes et de leurs pratiques religieuses, de leurs usages du passé, de leur place dans l'islam planétaire. Il convient donc de saluer comme une nouvelle et importante étape ce volume d'études dirigé par Michel Boivin, auteur d'un remarquable ouvrage d'anthropologie historique intitulé *Les Ismaéliens : des communautés d'Asie du Sud entre islamisation et indianisation* (Turnhout, 1998).

Il est encourageant de constater que pour ce livre, autour des chercheurs confirmés que sont le directeur de l'entreprise, Dominique-Sila Khan et Sophie Blanchy, ont travaillé plusieurs doctorants ou jeunes docteurs, dont l'excellent travail est un heureux présage pour le renouvellement de la recherche en sciences sociales sur les ismaéliens. Michel Boivin doit être remercié d'avoir pris l'initiative de les intégrer à l'aventure scientifique qui a conduit à la réalisation de ce bel ensemble sur la « gestion des héritages » et les « productions identitaires » chez les ismaéliens d'Asie du Sud.

INTRODUCTION :

LES ISMAÉLIENS ET LES ÉTUDES ISMAÉLIENNES EN FRANCE :

ENTRE ORIENTALISME ET NOUVELLES DYNAMIQUES

MICHEL BOIVIN

LES ISMAÉLIENS, DES MUSULMANS CHIITES ACCLIMATES À LA CULTURE INDIENNE

Les Ismaéliens sont des musulmans chiites qui appartiennent à la branche qui reconnaît comme septième *imâm* Ismâ`îl, d'où leur nom d'Ismaéliens, qui est la forme francisée de Ismâ`îlî. Après la mort du Prophète de l'islam Muhammad en 632, les Musulmans se divisèrent sur sa succession : qui devait diriger la nouvelle communauté de croyants (*oumma*) ? Deux partis se formèrent. Pour le premier, qui allait être désigné par le nom de sunnites (ceux qui suivent la tradition, *sunna*), le successeur du Prophète devait être l'un de ses plus proches compagnons. Pour les seconds, qu'on allait dénommer les Chiites, le successeur du Prophète devait être son gendre `Alî, le mari de sa fille Fatîma, puis leurs descendants. Le premier successeur du Prophète fut finalement l'un de ses plus proches compagnons, Abû Bakr, qui devint le premier calife (*khalîfa*). Cette compétition reflètait également la rivalité entre les Ansârs, les auxiliaires du Prophète et convertis de Médine, et les Mohâjirûns, les émigrés de La Mekke à Médine. Après l'assassinat du troisième calife `Uthmân en 656, les Ansârs finirent par imposer `Alî comme calife. En 660, l'empire musulman était divisé *de facto* avec deux califes : `Alî qui règnait sur l'Irak et l'Iran, et Mo`âwiya qui règnait en Syrie, Palestine, Egypte et Hedjaz. `Alî fut assassiné en 661 et Mo`âwiya fut alors reconnu calife par l'ensemble de l'empire musulman, et par les deux fils de `Alî, Hasan et Husayn, qui étaient donc les petits fils du Prophète Muhammad.

Les Chiites développèrent progressivement la théorie de l'imâmat d'après laquelle les descendants du Prophète par `Alî et Fatîma étaient investis d'une mission divine spécifique, l'imâmat. L'imâmat se transmit aux descendants de `Alî et Fatîma mais après la mort du sixième *imâm*, Ja`far al-Sâdiq en 765, deux de ses fils se disputèrent sa succession. Les partisans d'Ismâ`îl devinrent les Chiites septimains ou ismaéliens. Les partisans de Mûsâ al-Kâzim formèrent les Chiites duodécimains qui reconnurent une lignée de douze *imâm*s, d'où leur nom de duodécimains (*ithnâ `ashariya* en arabe). Le douzième *imâm*, Muhammad al-Mahdî, entra en « occultation » (*ghayba*) en 874 et les Chiites duodécimains attendent son retour comme sauveur (*mahdî*). Les Chiites duodécimains constituent le groupe majoritaire au sein du chiisme. Ils sont prédominants en Iran, en Irak et au Liban et ils constituent des minorités significatives dans d'autres pays du Moyen Orient et dans le sous continent indien[1]. Le nombre total des Chiites est difficile à évaluer car ils ne sont pas recensés comme tels dans de nombreux pays musulmans. On estime cependant qu'ils représenteraient environ 20% des Musulmans.

Au cours de leur histoire multiséculaire, les Ismaéliens se sont eux-mêmes divisés en de nombreuses sectes[2]. La période de leur histoire qui va de 765 à 909 est assez mal connue. Les *imâm*s ismaéliens étaient sans doute établis en Arabie puis en

---

[1] Sur les nombreuses subdivisions des Chiites, voir Richard 1991.
[2] Sur les Ismaéliens, voir Boivin 1998 et surtout la somme de Farhad Daftary (Daftary 1990).

GÉNÉALOGIE DES COMMUNAUTÉS CHIITES

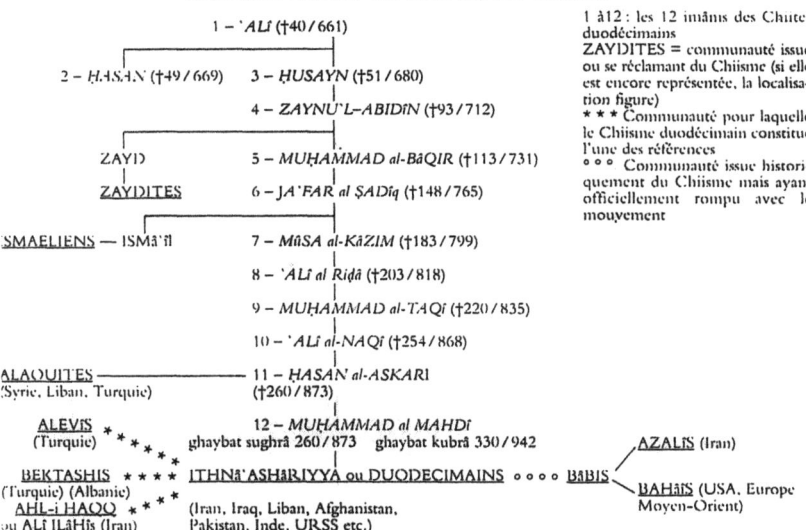

GÉNÉALOGIE DES COMMUNAUTÉS ISMAÉLIENNES

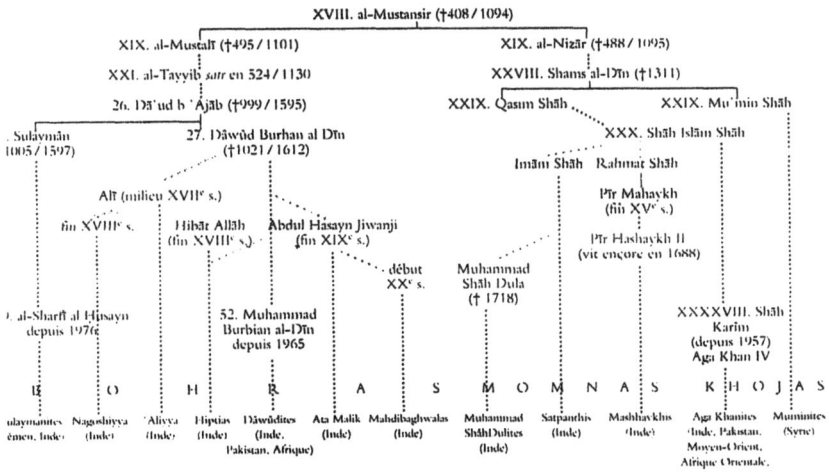

Sources- Boivin 1998 : 218 & 211

Syrie. Vers la fin du 9ème siècle, les Ismaéliens firent irruption sur la scène du monde musulman. Une branche connue sous le nom de Qarmates établit un Etat dans le nord est de la péninsule arabique d'où elle défia le califat abbasside. En Irak, une mystérieuse organisation connue sous le nom de Frères de la Pureté (Ikhwân al-Safâ) élabora une gigantesque encyclopédie. Guidés par l'*imâm* ismaélien, les Frères de la Pureté avaient assimilé une partie de la philosophie grecque. Ce fut cependant avec la fondation du califat fatimide par Ubayd Allâh al-Mahdî en 909 que les Ismaéliens devaient jouer un rôle de premier plan au sein du monde musulman. D'abord centré sur l'Ifriqya, l'actuelle Tunisie, cet Etat impérial se déplaça en Egypte où les Fatimides fondèrent le Caire en 969 et la prestigieuse mosquée al-Azhar. A leur apogée, les Fatimides dirigeaient un empire qui s'étendait du Maghreb à la Syrie, incluant la Sicile et une partie de la péninsule arabique. Les Fatimides seront les rivaux chiites des califes abbassides de Bagdad et c'est à eux que les Croisés reprendront Jérusalem en 1099.

Les Fatimides revendiquaient à la fois le califat, le pouvoir politique, et l'imâmat, le pouvoir spirituel et ésotérique. L'organisation de l'Etat était comparable à celle du califat abbasside. Malgré la mise en œuvre d'institutions de prosélytisme ismaélien, dont la célèbre Maison de la Sagesse (*Dâr al-hikma*), les Egyptiens restèrent toujours sunnites dans une large proportion. Les missionnaires fatimides réussirent en revanche à rallier des groupes à l'ismaélisme au Yémen, en Iran, en Asie centrale et en Inde. Dans la vallée de l'Indus, un Etat vassal de l'empire fatimide fut créé autour de la ville de Multân. Cela dit, l'ismaélisme fatimide fut fragilisé par plusieurs schismes. Le problème était qu'Ubayd Allâh al-Mahdî, qui, comme son surnom l'indique, s'était proclamé *mahdî*, n'avait rien effectué des réalisations que les Chiites attendaient du *mahdî*, à commencer par le règne de la justice qui devait précéder la fin du monde. Pour cette raison, les Qarmates ne reconnurent jamais le califat fatimide. Puis au début du 11ème siècle, un groupe proclama que le calife fatimide al-Hâkim était une incarnation divine. Il fut à l'origine de la communauté des Druzes. Le schisme le plus grave fut cependant celui qui opposa les deux héritiers du calife al-Mustansir après sa mort en 1094 : son fils aîné Nizâr et son autre fils al-Musta`lî. Les partisans de Nizâr étaient menés par Hasan-i Sabbâh, de son fief d'Alamut situé dans le nord de l'Iran. Les partisans d'al-Musta`lî réussirent à l'imposer comme nouveau calife fatimide mais ils déclarèrent en 1142 que son petit fils, l'*imâm* Tayyib, était entré en occultation, un cas de figure qui n'est pas sans rappeler l'occultation survenue chez les Chiites duodécimains en 874. Les Musta`lites suivirent alors les directives du représentant de l'*imâm*, le « missionnaire suprême » (*dâ`î al-mutlaq*). Pour les Nizârites, la lignée des *imâm*s est ininterrompue jusqu'à aujourd'hui. L'actuel *imâm*, Shâh Karîm al-Husaynî, est le quarante neuvième *imâm* sans interruption depuis le premier *imâm* `Alî. Selon la doctrine chiite ismaélienne, les Fatimides étaient vénérés comme des *imâm*s impeccables et infaillibles qui étaient les seuls interprètes autorisés des sources scripturaires. Ils remplacèrent la pensée ismaélienne primitive qui proclamait la nécessité de la parousie du *mahdî* par une cosmologie et une conception cyclique de l'histoire d'inspiration néo-platonicienne.

Après la chute de l'empire fatimide en 1171, les deux principales branches de l'ismaélisme évoluèrent chacune de leur côté. L'*imâm* des Nizârites était établi en Iran et les Ismaéliens furent plus ou moins assimilés à une confrérie soufie. Le *dâ`î al-mutlaq* des Musta`lites était installé au Yémen et il resta fidèle au corpus fatimide en matière de loi islamique. Sans doute à partir du 11ème siècle, les deux principaux courants de l'ismaélisme envoyèrent des missionnaires en Inde. Dans la vallée de l'Indus, puis dans les régions voisines comme le Goudjérat et le Rajasthan, leur activité de prosélytisme entraîna l'adhésion de castes hindoues de statuts divers. Il est difficile de parler de conversion car les missionnaires ismaéliens (*dâ`î* ou *pîr*) n'exigeaient pas l'abandon total des anciennes croyances. Il s'agissait plutôt de devenir les disciples de l'*imâm*, du *dâ`î* ou du *pîr*, en prêtant un serment d'allégeance. La croyance en un *imâm*, qu'il soit manifesté ou occulté, venait s'agréger à d'autres croyances. Bien que formées de castes hindoues de statut honorable et parfois intouchable, ces nouvelles communautés de croyants furent dominées par des castes marchandes. En Inde, les Musta`lites furent connus sous le nom de Bohras, du goudjérati *vohorvû* qui signifie « faire du commerce ». Les Nizârites adoptèrent quant à eux le surnom de Khojas, du persan *khwâja* qui signifie « maître ». Les Bohras et les Khojas constituent aujourd'hui les deux principales communautés ismaéliennes d'Asie du sud. On peut cependant considérer que d'autres groupes le sont également bien qu'ils aient répudié toute allégeance à l'*imâm* des Nizârites ou au *dâ`î* des Musta`lites. C'est par exemple le cas des Imâmshâhites. Le chef suprême des Bohras dâ'ûdites s'est établi en Inde dès le 16ème siècle[3]. Celui des Khojas, mieux connu par son surnom d'Agha Khan (*âghâ khân*), a fait de même au milieu du 19ème siècle, avant de s'installer en Europe après la Seconde Guerre Mondiale[4].

Sur le plan numérique, les Ismaéliens d'Asie du sud sont peu nombreux. Le sous continent indien compte près d'un milliard et demi d'habitants : les Ismaéliens ne sont pas plus de quelques millions. Leur rôle est cependant sans rapport

---

[3] Les Bohras se subdivisent en plusieurs branches mais les Dâ'ûdites sont largement majoritaires. Voir Daftary 1990.

[4] Le nom de Agha Khan ou agha khan provient d'un titre honorifique donné en 1818 par un souverain de Perse, Fath `Alî Shâh, à l'*imâm* nizârite Hasan `Alî Shâh. Il reprend deux termes d'origine turque qui signifie tous deux chef. On peut donc traduire par « Grand Chef » ou « Chef Suprême ». Le titre de Agha Khan a été porté par d'autres dignitaires persans.

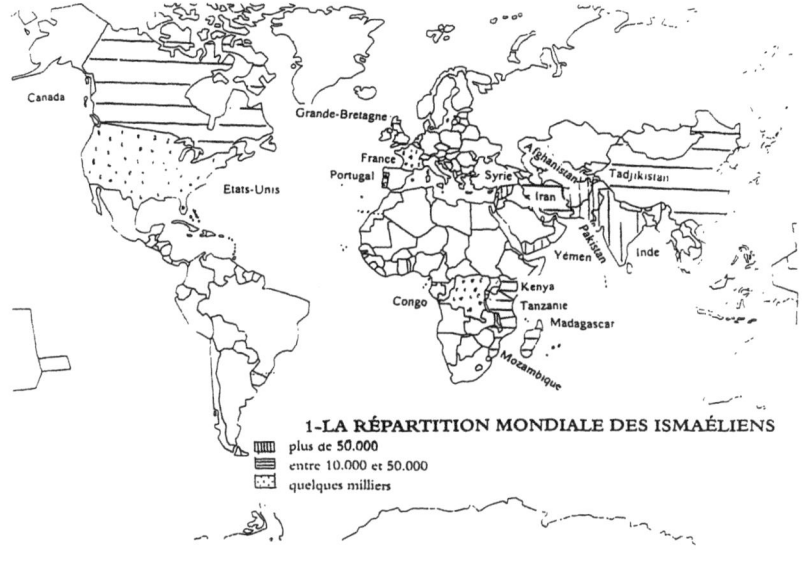

1-LA RÉPARTITION MONDIALE DES ISMAÉLIENS
- plus de 50.000
- entre 10.000 et 50.000
- quelques milliers

2-LES PRINCIPAUX SITES ISMAÉLIENS DU SOUS-CONTINENT INDIEN

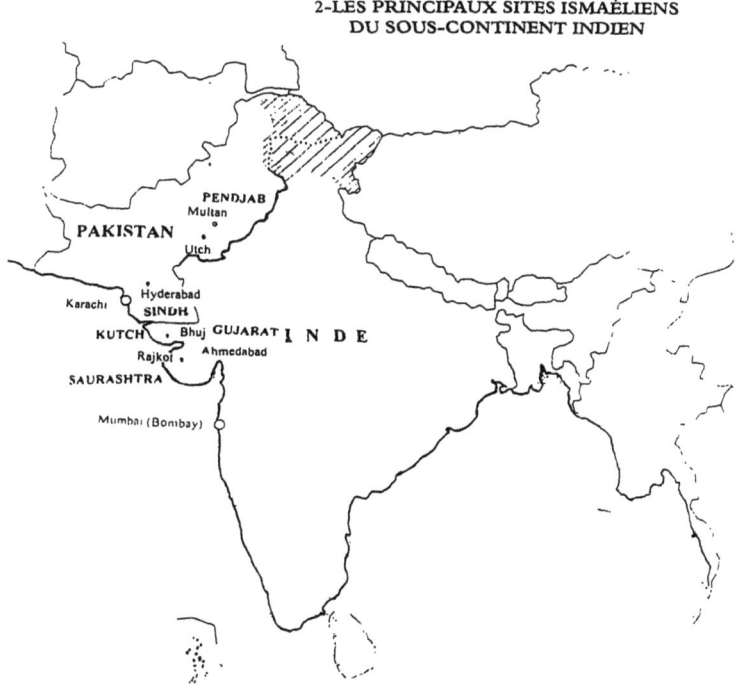

Sources – D'après Boivin 1998 : 209-210

avec leur nombre pour deux raisons principales. La première est leur spécialisation dans le commerce qui, avec la colonisation britannique, est devenue une spécialisation dans les affaires et dans l'industrie. Les Khojas et les Bohras ont construit des réseaux économiques qui leur permettent d'être établis sur tous les continents. Au Pakistan par exemple, un nombre significatif de groupes industriels et bancaires qui dominent l'économie du pays sont entre les mains des Ismaéliens. La seconde raison est que les deux communautés sont dotées d'une organisation centralisée dirigée par un chef charismatique. Un peu dans l'esprit des sectes protestantes étudiées par Max Weber, les Ismaéliens ont su s'adapter au capitalisme et à la mondialisation sans délaisser pour autant leur ethos religieux spécifique mais bien au contraire en s'appuyant dessus.

En définitive, les Ismaéliens ont fait preuve d'une grande capacité à s'adapter aux changements brutaux de l'histoire dont ils ont parfois été les victimes. Bien que leur évolution soit comparable en bien des points, quelques choix différents distinguent cependant les Khojas des Bohras. La voie des Bohras impulsée par leur *dâ`î al-mutlaq* est plus traditionaliste, comme en témoigne le port obligatoire de vêtements islamiques. Bien que les Bohras possèdent une poésie dévotionnelle en langue vernaculaire, le goudjérati, l'enseignement religieux est centré sur les textes arabes du corpus fatimide et sur l'histoire sainte chiite. Les Khojas sont quant à eux plus modernistes, à l'image de l'Agha Khan qui est plus occidentalisé que le *dâ`î al-mutlaq*. Ils restent cependant très attachés à leurs hymnes dévotionnels appelés *ginân*s et leurs rituels sont encore marqués par leur origine indienne bien qu'une légitimité islamique leur ait été donnée.

Dans cette période de tensions extrêmes en Inde et au Pakistan, les Khojas et les Bohras devront encore trouver de nouvelles formules pour faire face aux défis lancés par les fondamentalistes musulmans et hindous. Il est probable que leur héritage culturel indien devra encore être minoré et remplacé par des valeurs considérées comme plus islamiques, ce qui se traduit en général par des emprunts à la culture arabe.

LES ÉTUDES ISMAÉLIENNES ET LA NAISSANCE DE L'ORIENTALISME EN FRANCE

Quand faut-il faire commencer les études ismaéliennes en France ? Faut-il uniquement tenir compte de l'apparition d'un intérêt scientifique ? Il ne sera pas pour autant inutile de revenir sur la période médiévale qui vit la naissance et le développement du mythe des Assassins. Ce mythe constituera en effet la principale représentation des Ismaéliens, et de l'ismaélisme pendant plusieurs siècles. Il ira jusqu'à infléchir les travaux que les premiers orientalistes produiront sur les Ismaéliens au début du 19ème siècle. Ce mythe sera brisé lorsque les orientalistes prendront la peine d'étudier les Ismaéliens de l'intérieur, c'est-à-dire en fonction de leurs propres écrits, et non pas d'après ceux de leurs détracteurs.

Ces travaux n'auront pourtant guère d'écho car le mouvement romantique, et ses ultimes rejetons comme Maurice Barrès, préféreront les émotions fortes produites par les histoires extravagantes du Vieux de la Montagne. Maurice Barrès, alors qu'il était député, effectua un voyage en Syrie en 1914, à la veille de la Grande Guerre. Quelle ne fut pas sa surprise quand il découvrit que le descendant du "Vieux de la Montagne", le chef des terribles Assassins, que ses fidèles syriens considéraient comme un dieu vivant, n'était autre que son "Agha Khan du Ritz".

Avant même l'existence d'un orientalisme français, on peut découvrir une représentation des Ismaéliens dans les récits des chroniqueurs des croisades. Pour l'anecdote, il faut rappeler que les Croisés s'emparent de Jérusalem en 1099, et que c'est aux Fatimides qu'ils prennent la ville, cinq ans après le schisme nizârite. Il est intéressant d'observer que les chroniqueurs comme Guillaume de Tyr, Joinville, ou Jacques de Vitry distinguent totalement les Fatimides et les Assassins. Ils ne font à aucun moment le lien entre les deux. L'Etat impérial fatimide n'est pas du tout représenté comme un Etat ismaélien. Les chroniqueurs savent cependant que les Fatimides sont chiites, et que c'est la cause principale de leur opposition aux Ayyoubides. Mais en tant que Croisés, ils y voient avant tout une menace pour la présence franque en Orient. Une partie importante du royaume latin de Jérusalem est conquise sur l'empire fatimide.

Les Assassins dirigés par Hassan-i Sabbâh s'opposèrent aux puissances impériales qui les persécutaient : parmi elles se trouvaient l'empire fatimide. En 1130, ils assassinèrent le calife fatimide al-Amir. Pour cette raison, et jusqu'à l'assassinat du roi de Jérusalem Conrad de Montferrat en 1192, les chroniqueurs sont plutôt bienveillants à l'égard des Assassins. Ils les perçoivent souvent comme un contre-pouvoir qui peut leur être utile. Rashid ed-Din Sinân, le chef des Nizârites de Syrie, vint rechercher l'alliance du roi de Jérusalem en 1173. Saladin avait mis fin à la dynastie fatimide en 1171, sept ans après la proclamation de la Résurrection à Alamût (1164). Peut-être faut-il voir dans cet épisode la légende d'après laquelle le Vieux de la Montagne voulut devenir chrétien.

Les chroniqueurs des Croisades se font écho de la Résurrection proclamée à Alamût comme une volonté de se rapprocher du christianisme, voire de se convertir au christianisme. Joinville (m. 1317) écrit qu'un chef des Assassins proclama que le temps de Mahomet était révolu, que ses disciples pouvaient manger du porc et boire du vin, préalables avant de devenir chrétien (Boivin 1984 : 18). La légende est détaillée par Jacques de Vitry, un chroniqueur du 13ème siècle. D'après Jacques de Vitry, le chef des Assassins aurait envoyé un messager au roi de Jérusalem pour lui faire part de ses intentions de devenir chrétien. Mais son messager aurait été tué au retour de sa mission par un chrétien (peut-être oriental). Les Assassins, se sentant trahis, décidèrent alors de se retourner contre les Croisés. Cette légende semble résulter d'un mélange de divers faits historiques avérés. En effet, Saint Louis avait envoyé un émissaire auprès du Vieux de la Montagne, frère Yves Le Breton. Celui-ci fut surpris de trouver au chevet du Vieux des paroles de Jésus rapportées par St Pierre (Boivin 1984 : 22).

Le mythe des Assassins va perdurer dans l'imaginaire français. Au fur et à mesure que se construit la rationalité moderne à partir de la Renaissance, la représentation des Assassins accentue les aspects irrationnels. Dans son *Dictionnaire philosophique*, Voltaire s'appuie sur le Vieux de la Montagne et les Assassins pour illustrer l'explication du terme fanatisme (Boivin 1984 : 26).

Le fondateur de l'orientalisme, Antoine Isaac Silvestre de Sacy (1758-1838), inclut une longue introduction sur les Ismaéliens dans son *Exposé sur la religion des Druzes* publié en 1838. Il s'appuie sur des hérésiographes arabes qui leur sont totalement hostiles. Il consacre également un mémoire à l'origine du terme « Assassin » publié en 1818. Il établit que l'origine du terme est haschich et que si les Ismaéliens sont dénommés ainsi, c'est à cause de la consommation qu'ils font de cette drogue. Il observe cependant que les effets connus de cette drogue sont une extase tranquille plutôt que la violence nécessaire à un assassinat (Boivin 1984 : 91-2).

Silvestre de Sacy joint un document intéressant à la fin de son mémoire. Il s'agit d'une lettre datée du 1er juin 1808 qu'un consul, Jean-Baptiste Rousseau, lui a adressé. Le consul affirme que les Ismaéliens subsistent encore en Perse et dans le Sindh. Le nom de leur chef est Shah Khallil Allah : c'est un descendant de l'imâm chiite Jafar Sadiq et il est établi à Kehk, en Perse. Des disciples indiens viennent des rives de l'Indus pour lui faire des offrandes et recevoir sa bénédiction (Boivin 1984 : 93). Ce même Rousseau est l'auteur d'un *Mémoire sur les trois plus fameuses sectes de l'Islam : les Wahhabis, les Noçeiris et les Ismaélis* publié en

1818. Il inverse la représentation des Ismaéliens jusque là liée au mythe des Assassins. Il décrit une communauté « qui traîne une existence misérable dans quelques coins obscurs de l'Asie » (cité in Boivin 1984 : 118)[5].

Les voyageurs insistent sur l'inoffensivité des indigènes - ils sont cultivateurs et très accueillants, soumis aux vexations des Turcs - laissant apparaître une pointe de rousseauisme qui prélude à l'apparition d'une nouvelle sensibilité: le romantisme. Le voyage en Orient de Gérard de Nerval reste à cet égard exemplaire[6]. Bien que son objectif ne soit pas d'étudier la communauté druze, sa relation témoigne d'un effort nouveau pour comprendre les Druzes de l'intérieur. Mais ces tentatives restent marginales et lorsqu'au début du 19ème siècle des traités relatifs à l'ismaélisme populaire syrien sont envoyés à la Société Asiatique, ils restent dans les cartons : personne ne les publie ni ne les traduit[7]. Cette même notion de classicisme est à l'origine du rejet de l'ismaélisme indien qui, à cause de ce que les spécialistes appellent son syncrétisme, ne correspond pas aux critères du classicisme. Les orientalistes vont même jusqu'à reprendre les schémas de l'orthodoxie qui rejettent l'ismaélisme hors de la communauté musulmane.

Le renouveau des études ismaéliennes : Guyard, Massignon, Corbin

Il faut attendre 1874 pour que Stanislas Guyard (m. 1884),

---

[5] J. Rousseau, *Mémoires sur les trois plus fameuses sectes du musulmanisme : les Whabis, les Nosaïris et les Ismaélis*, Marseille, 1818, pp.54 et ss. et J.B. Fraser, *Narrative of a Journey in Khorasân in the years 1821 and 1822*, London, 1827, pp.376-377.
[6] *Voyage en Orient*, Gallimard, 1961 (1ère éd. 1851).
[7] C'est ainsi que Rousseau envoie un traité à Silvestre de Sacy ; le dit traité ne sera publié en arabe et traduit en français qu'en 1874 par Stanislas Guyard dans "Fragments relatifs à la doctrine des Ismaéliens", *Notices et Extraits des Manuscrits de la Bibliothèque Nationale*, XXII, I, 1874, pp.275-428.

professeur au Collège de France, traduise un traité ismaélien qui avait été envoyé par Rousseau à Silvestre de Sacy au début du siècle. Il en publiera un second avec traduction en 1877. Cette approche de l'intérieur fait voler en éclat la représentation de l'ismaélisme, qui n'était connue jusque là qu'à travers les hérésiographes sunnites. Guyard met en valeur l'esprit de tolérance des Fatimides. Il rapporte également les conclusions du juge Arnould qui fait des Khojas les héritiers des Assassins, et de l'Agha Khan le successeur du Vieux de la Montagne. Il souligne également que l'interprétation allégorique de l'histoire de Noé, qui « nous donne la mesure et l'intelligence et l'habileté des chefs de cette remarquable secte » (cité in Boivin 1984 : 107). Il est important de rappeler qu'en 1862, dans sa leçon inaugurale de la chaire d'hébreu du Collège de France, Ernest Renan faisait « de la destruction de la chose sémitique par excellence » la condition pour l'expansion de la civilisation européenne. C'est ainsi qu'il désignait l'Islam, « la plus complète négation de l'Europe » (cité in Boivin1984 : 114).

En 1927, Clément Huart publie une notice « Ismâ'îlîya" dans la première édition de l'Encyclopédie de l'Islam (t.2, pp.585-588). Après avoir rappelé en introduction l'origine de l'ismaélisme, il relate l'histoire des trois principales communautés: celles de Perse, de Syrie et de l'Inde, et il conclut en donnant la "répartition actuelle des Ismâ'îlîya" (p.587). La deuxième partie, plus courte que la précédente, concerne la doctrine, au singulier. C'est en réalité la doctrine fatimide du 10ème siècle dont il s'agit ; l'auteur l'a tirée des exposés des hérésiographes sunnites, comme l'indique la bibliographie. Il est vrai qu'en 1927, peu de manuscrits ismaéliens étaient connus bien que Louis Massignon ait publié sa "Bibliographie qarmate" - pour lui, ce terme désigne tous les Ismaéliens -, en 1922. Ce n'est qu'en 1933 que W. Ivanow publie sa "Bibliographie ismaélienne" qui témoignera de la véritable naissance des études ismaéliennes. Finalement, l'exposé de Clément Huart est très représentatif de l'état de ces études à une époque donnée.

Louis Massignon (1883-1962) publie un article sur les Ikhwân al-Safâ en 1913. Puis en 1922, il publie son *Esquisse d'une bibliographie qarmate*. Massignon considère que les Qarmates représentent l'ismaélisme originel que les Fatimides ont détourné à leur profit (Boivin 1984 : 148). Cette publication constitue la première tentative de réunir les écrits produits par les Ismaéliens. Pour Massignon, les Qarmates poursuivaient trois objectifs principaux : 1. un objectif scientifique qui consistait à diffuser le vocabulaire technique hellénistique, 2. un objectif politique : la propagation d'une révolte légitimiste alide et 3. un objectif religieux : la diffusion « d'une catéchèse adaptée à toutes les confessions, à toutes les races et à toutes les castes, fondée sur la raison, la tolérance et l'égalité » (cité in Boivin 1984 : 154). Massignon est également le premier orientaliste à évaluer l'apport philosophique des Ismaéliens à la pensée islamique après avoir déclaré que les travaux de ces prédécesseurs n'ont aucune valeur : « Il n'est plus possible de se fier comme on l'a fait au début, écrit-il, aux exposés fournis par les hérésiographes sunnites anti-karmates ; Mas'udi en a judicieusement dit qu'ils se contredisaient les uns les autres et que les Karmates eux-mêmes n'y retrouvent rien de leur doctrine » (cité in Boivin 1984 : 153).

Louis Massignon avait ouvert la voie. En 1949, Henry Corbin (1903-1978) écrivait en introduction de sa première publication consacrée à l'ismaélisme: "Les études ismaéliennes sont encore en période de défrichement (...). La principale tâche qui s'impose au philosophe orientaliste sollicité par la forme ismaélienne de la pensée religieuse, est donc actuellement, et sera sans doute encore pour quelque temps, d'éditer les textes chaque fois que la possibilité se présente, c'est à dire de préparer les bases sur lesquelles la réflexion philosophique pourra édifier son travail propre, en faire éclore la signification à l'intérieur de l'univers religieux dans son ensemble."⁸ Aujourd'hui, cette tâche principale que désignait Corbin n'en est plus au stade du défrichement. Les orientalistes ont mis à jour un grand nombre de textes, et malgré la prédominance de la période historique, on peut affirmer que la connaissance de la pensée ismaélienne a considérablement progressé.

Henry Corbin était le principal représentant d'une des deux lectures de l'ismaélisme qui devaient dominer l'orientalisme : la lecture phénoménologique ou structurale⁹. Elle était caractérisée par un asservissement de toute méthode historique – que Corbin associait à l'historicisme - à sa propre méthode. C'est ainsi qu'il écrivait à propos du chiisme: "Il est dérisoire de ramener la question à des termes de rivalité. Il n'y a de rivalité possible qu'entre deux mondes situés sur un même plan. Or nous avons ici deux mondes différents: le monde du malakût domine de trop haut le monde de nos compétitions pour avoir à rivaliser avec lui"¹⁰. Pour Corbin, la pensée ismaélienne ne procède pas d'une revendication socio-politique, mais du monde du *malakût* totalement coupé de la réalité historique. Les structures du *malakût* s'imposent à l'histoire et non l'inverse. L'idéal du chercheur est de les déceler par une compréhension du dedans, et en réalisant la situation intérieure de l'auteur à créer des significations.

La seconde lecture de l'ismaélisme était la lecture historique, principalement représentée par Bernard Lewis¹¹. La tension entre les deux tendances méthodologiques atteint

---

⁸ Introduction par Henri Corbin à Abû Ya'qûb Sejestânî, *Kashf al-Mahjub (Le Dévoilement des choses cachées) - Traité ismaélien du IVème siècle de l'Hégire*, A. Maisonneuve, 1949, pp.5-6.
⁹ Nous utilisons les deux termes "phénoménologique" et "structurale" de façon identique, suivant en cela Corbin dans son introduction à la traduction du *Livre des pénétrations métaphysiques* de Mollâ S̲adra Shîrâzî, A. Maisonneuve, 1964, p.10.
¹⁰ *En Islam iranien*, t.I, Gallimard, 1071, p.79.
¹¹ Voir par exemple Bernard Lewis, *The Origins of Ismâ`îlism: A Study of the Historical Background of the Fâtimid Caliphate*, Cambridge, W. Heffer and Sons, 1940.

un sommet dans l'introduction de Maxime Rodinson au livre de Lewis sur les Assassins. Dans cet extrait, Rodinson répond directement à la précédente citation de Corbin : "Mais on se tromperait gravement en voyant, dans les options politiques, les stratégies et les tactiques adoptées, une "application" de ces conceptions préalablement élaborées dans l'abstrait, écrit-il. Cette vue idéaliste de l'Islam, développée très savamment mais avec un aveuglement obstiné et des incohérences (car il est impossible de nier absolument l'influence des conditions historiques) par Henry Corbin entre autres ne peut résister à l'examen rationnel armé de l'expérience de l'histoire humaine."[12].

Le point de vue de Rodinson est totalement justifié, mais il tombe lui-même dans l'excès lorsqu'il écrit : "Les idées philosophiques des Ismâ'îliens sont fort intéressantes. (...) Mais il faut bien constater (...) que la dynamique politique du mouvement peut fort bien se comprendre presque sans faire entrer en jeu cette doctrine, si ce n'est sur le point (crucial il est vrai au plan politique) de la théorie de l'imâmat, bref en ne faisant intervenir cette philosophie subtile, pénétrante et complexe que sous son aspect d'idéologie au sens restreint"[13]. Rodinson semble réaliser en fin de phrase que la conception ismaélienne de l'imâmat est toute la doctrine ismaélienne, en tous cas dans l'école nizârite. Il est de ce fait impossible d'écrire que le mouvement ismaélien peut se comprendre sans connaître la doctrine ; tout le travail de l'historien des idées consiste à déterminer dans quelle mesure, à quel moment, en quel lieu, quel facteur a prédominé dans l'interaction de tous les facteurs qui ont permis l'éclosion puis l'évolution du mouvement ismaélien. La position de Rodinson et celle de Corbin nient ce qui constitue à nos yeux la spécificité même de l'ismaélisme, à savoir sa propension à faire prévaloir une

---

[12] Préface de Maxime Rodinson in Bernard Lewis, *Les Assassins : terrorisme et politique dans l'Islam médiéval*, tr. fr. Annick Pélissier, Paris, Berger Levreau, 1984, p.28.
[13] *idem*.

continuité conceptuelle tout en prenant en compte l'évolution des conditions objectives.

Sur le plan strictement méthodologique, une tentative a été effectuée qui visait à trouver un compromis entre la tendance historique et la tendance phénoménologique. Georges Vajda écrit : "(...) si nous ne contestons nullement la signification dans son propre domaine, celui de la phénoménologie religieuse, de la "métahistoire" édifiée par le tâ'wîl et l'imagination créatrice, nous entendons ne pas laisser absorber et abolir par quelque théosophie ou historiosophie que ce soit l'enquête historique qui ne reçoit point ses consignes du suprarationnel et de l'univers des archétypes."[14] Autrement dit, la complexité du fait ismaélien ne peut être dénouée sans évaluer avec précision quelle méthode est la plus apte à analyser tel aspect du dit fait.

L'OUVERTURE ÉPISTÉMOLOGIQUE ET L'AVENIR DES ÉTUDES ISMAÉLIENNES

Les études ismaéliennes ont suivi l'ouverture épistémologique qu'ont connue les sciences humaines depuis les années 60. En France, on observe les tendances récentes suivantes : le développement de l'approche littéraire et anthropologique, ainsi que l'essor des études diasporiques centrées sur les communautés marchandes. Cette évolution est parfaitement illustrée par la journée d'études organisée le 9 juin 2006. Elle était consacrée aux Ismaéliens : Gestion des héritages et production identitaire. Cette journée d'études a montré la richesse des études ismaéliennes en France. En effet, on observe d'une part la diversité des auteurs qui associe de jeunes doctorants à des chercheurs confirmés, et d'autre part la variété des champs d'études représentés. Dans

---

[14] Dans *Le shî'isme imâmite*, Colloque de Strasbourg, PUF, 1968, p.32. Voir aussi son compte-rendu du livre de Corbin sur la philosophie islamique (Corbin 1964) in *Journal Asiatique*, 1964, pp.273-278.

la première contribution, Johanna Blayac, qui travaille sur les premières communautés musulmanes du Gujarât, revient sur le problème du début des implantations ismaéliennes dans le Sindh et le Gujarât. Grâce à une étude épigraphique du site de Bhadresvar, elle confirme la présence d'Ismaéliens d'obédience fatimide dans le cadre des réseaux du commerce maritime indien.

Dans la deuxième contribution, Sophie Blanchy étudie pourquoi et comment les Bohras s'investissent dans la restauration de monuments religieux fatimides au Caire. Michel Boivin questionne pour sa part l'écriture de l'histoire chez les Khojas de l'Inde et du Pakistan au cours du $20^{\text{ème}}$ siècle. Il observe que cette écriture épouse parfaitement les étapes de la construction de la nouvelle identité des Ismaéliens. Dominique-Sila Khan revient sur la difficulté de maintenir une identité avec référents islamiques dans le Gujarât d'aujourd'hui. La tradition imâmshâhî est par conséquent scindée en deux entités : une hindoue, et l'autre musulmane, malgré le partage continu d'une héritage commun. Iqbal Surani questionne un fleuron de la tradition littéraire des Khojas : le *Kalâm-e Mowlâ*. Il identifie les éléments qui peuvent permettre d'attester de l'identité ismaélienne de cet écrit toujours révéré. Christelle Brun s'intéresse quant à elle aux Bohras et elle cherche dans quelle mesure l'Islam est un référent pour la définition de leur identité en tant que communauté.

Enfin, les deux dernières contributions sont consacrées à la diaspora ismaélienne dans le sud de l'Océan Indien, à Madagascar. Denis Gay étudie le cas des Bohras de Madagascar à travers les liens qu'ils ont tissé entre leur identité religieuse, leur organisation sociale et leur situation diasporique. Ludovic Gandelot se consacre pour sa part aux Khojas duodécimains de la même île de Madagascar. Les Khojas duodécimains se sont séparés des Ismaéliens au début du $20^{\text{ème}}$ siècle. Mais malgré cette rupture d'affiliation religieuse, ils continuent à avoir des relations sociales privilégiées avec les Khojas ismaéliens.

Le développement des études ismaéliennes a surtout mis à jour l'immense diversité des traditions qui s'y rattachent. Pour conclure, il convient de s'interroger sur la pertinence de l'emploi du terme ismaélien. Dans le contexte sud-asiatique, ce terme est couramment utilisé pour désigner les Khojas agha khanis. C'est sans doute Sultân Muhammad Shâh qui est à l'origine de cette appellation auprès de ses disciples. Le terme était inexistant en Inde avant le 19ème siècle. Historiquement, ce terme s'applique pourtant aux Khojas, mais également aux Bohras et à une partie des Imâmshâhis.

Au niveau international, la majorité des études est consacrée aux Khojas ismaéliens. Il faut dire qu'une partie de ces études est réalisée par les Khojas eux-mêmes. Si l'on compare le nombre de travaux anthropologiques qui leur ont été consacrés à celui consacré aux Bohras, on observe un déficit important au détriment de ces derniers. Enfin, la dernière avancée marquante des études ismaéliennes concerne la mise à jour d'une imprégnation ismaélienne dans diverses traditions qui se rattachent aujourd'hui à l'hindouisme. Le sanctuaire de Pirana est un cas particulièrement significatif de la complexité et de l'imbrication de l'héritage ismaélien en Asie du sud.

BIBLIOGRAPHIE

Boivin, Michel (1984), *L'image du shi'isme ismaélien dans l'orientalisme français (XIIe-XXe s.)*, mémoire de maîtrise d'histoire non publié, Université Lyon 2.

Boivin, Michel (1998), *Les Ismaéliens. Des communautés d'Asie du sud entre islamisation et indianisation*, Türnhout, Brepols.

Boivin, Michel (2000), « Ghulât et Chi'isme salmânien chez Louis Massignon » in E. Pierunek et Y. Richard (dir.), *Louis Massignon et l'Iran*, Peeters, Leuwen, pp. 61-75.

Corbin, Henry (1964), *Histoire de la philosophie islamique*, Paris, Gallimard.

Daftary, Farhad (1990), *The Ismâ'îlîs. Their history and their doctrines*, Cambridge, Cambridge University Press, 2è éd. 2007.

Daftary, Farhad (2004), *Ismaili Literature. A Bibliography of Sources and Studies*, London, New York, I.B. Tauris in association with the Institute of Ismaili Studies.

Richard, Yann (1991), *L'Islam chiite : Croyances et idéologies*, Fayard.

Schmidtke, Sabine (éd) (1999), *Correspondance Corbin-Ivanow. Lettres échangées par Henry Corbin et Vladimir Ivanow entre 1947 et 1966*, Leuwen, Peeters.

Shayegan, Daryush (1990), *Henry corbin. La topographie spirituelle de l'Islam iranien*, Ed. de la Différence.

1.

BHADRESVAR : UN EXEMPLE DE LA *DA'WA* FATIMIDE AU GUJARÂT ?

JOHANNA BLAYAC

On sait relativement peu de choses sur l'arrivée des Ismâ'îliens dans le Gujarat. La première indication d'une possible *da'wa* (littéralement appel, ou mission) ismâ'îlienne dans la région nous est donnée par le grand juriste fâtimide du IVe / Xe siècle Qâdî al-Nu'mân dans son *Iftitâh al-Da'wa* ou *Commencement de la Da'wa* (achevé en 346 / 957). Il est rapporté que le *dâ'î* du Yémen Ibn Hawshab, plus connu sous le nom de Mansûr al-Yamân, envoya des missionnaires (*du'wâ'*, sing. *dâ'î*) dans le Sind et en Inde en 270 / 883.[15] De cette première *da'wa* " indienne ", rien ne nous est connu. On peut cependant observer dans le Sind plusieurs strates successives de la mouvance ismâ'îlienne qui ont peut-être, au moins par capillarité, touché la région voisine du Gujarat.[16]

---

[15] Voir Lewis 1948: 599. La *da'wa* ismâ'îlienne est visible dans l'ensemble du monde musulman à partir des années 260 / 870, près d'un siècle après la naissance du mouvement ismâ'îlien. Elle fut facilitée dans le Sind, qui était depuis la deuxième moitié du IIe / VIIIe siècle une terre de refuge pour les dissidents, en particulier shî'ites, du régime des califes 'abbâsides de Bagdad (132-656 / 750-1258), par la fragmentation de cette province en plusieurs principautés, officiellement détachées du califat sunnite à partir de 257 / 871.

[16] Il serait même possible, notamment d'après les *Jâmi' al-Tawârîkh* de l'historien de la cour Ilkhanide Rashîd al-Dîn (m. en 718 / 1318), que le mouvement des premiers Ismâ'îliens ait trouvé refuge dans le Sind dès sa naissance dans les années 140 / 760, suite à la mort de l'*imâm* désigné Ismâ'îl b. Ja'far al Sâdiq en 145 / 762, puis de celle de son père en 148 / 765, dont la succession, dévolue au frère cadet d'Ismâ'îl, Mûsâ al-Kâzim,

DIVERSITÉ DE L'IMPLANTATION ISMÂ'ÎLIENNE DANS LA RÉGION DU SIND

La première de ces strates, suivant une doctrine probablement proche de celle des premiers Ismâ'îliens, peut être dite qarmate, dans la mesure où ses partisans ne reconnaissent aucun *imâm* après Muhammad b. Ismâ'îl, le *mahdî* attendu.[17] Cette doctrine, officiellement représentée par les disciples du *dâ'î* de Koufa Hamdân Qarmat, qui se maintinrent au Bahrayn jusqu'au milieu du Ve / XIe siècle, et en complète opposition avec celle des califes et *imâms* fâtimides (297-567 / 909-1171), domina parmi les communautés ismâ'îliennes de l'Est du monde musulman, au moins jusqu'à la deuxième moitié du IVe / Xe siècle[18], moment où le calife fâtimide al-Mu'izz (341-365 / 953-975) entreprend de réunifier le mouvement ismâ'îlien.[19]

---

entraîna la sécession des partisans d'Ismâ'îl, revendiquant la succession de Muhammad b. Ismâ'îl. Pour le témoignage de Rashid al-Dîn, qui fut un des principaux transmetteurs des archives d'Alamut, voir Levy 1930 : 522.
[17] Le terme " Qarmates " est employé indifféremment dans les sources sunnites pour désigner les Ismâ'îliens. Il convient toutefois de bien distinguer pour l'époque entre Ismâ'îliens dit Qarmates et Ismâ'îliens d'obédience fâtimide.
[18] Voir Daftary 1990: 131.
[19] Pour réunifier le mouvement ismâ'îlien, le calife al-Mu'izz accepta par exemple et intégra dans les enseignements des éléments de la pensée néoplatonicienne élaborée d'abord par le *dâ'î* du Khurâsân et de Transoxiane al-Nasafî (m. première moitié du IVe / Xe siècle) dans son *Kitâb al-Mahsûl*, et représentée alors par le *dâ'î* Abû Ya'qûb al-Sijistânî, avec par exemple son *Kitâb al-Nusra*. Il revint aussi partiellement à la doctrine de l'imâmat dominante à l'Est, faisant des califes fâtimides des lieutenants ou représentants (*khulafâ'*) de l'*imâm* et *mahdî* (ou *qâ'im*) Muhammad b. Ismâ'îl. Il réadapta la généalogie de la dynastie pour la faire remonter directement à Ismâ'îl b. Ja'far, et non plus à l'un de ses frères, nommé 'Abd Allâh. Voir Daftary 1990 : 177-179, d'après les

La deuxième strate ismâ'îlienne que nous pouvons identifier dans le Sind, plus particulièrement dans les villes et principautés de Multân, de 347 / 958 à 401 / 1010, puis de al-Mansûra, d'environ 401 / 1010 à 416 / 1025, est, sous l'impulsion du calife al-Mu'izz, une strate fâtimide.[20] Cette dernière fut sérieusement mise à mal, du point de vue institutionnel, par les conquêtes pro-sunnites du souverain Mahmûd de Ghazna (389-421 / 999-1030), lequel chassa les dignitaires de Multân et al-Mansûra, recevant du calife 'abbâside le titre de *yamîn al-dawla* (bras droit de l'Empire) en 420 / 1029 pour ses victoires contre le shî'isme.[21] Mais le mouvement ismâ'îlien, loin de disparaître de la région, fut encore vivifié par l'envoi de missives du Druze syrien al-Muqtanâ à Multân en 424 / 1033, ce qui pourrait former une

---

réflexions doctrinales de Qâdî al-Nu'mân. Ainsi que Stern 1955: 10-33. C'est sous le règne de ce calife que le califat fâtimide prit position en Egypte, fondant la ville du Caire dès 359-360 / 969 pour accueillir le calife en 362/ 973, notamment pour lutter contre l'influence des Qarmates du Bahrayn, qui avait de fait commencé à décliner dans les années 320 / 930 suite au désastre qu'avait provoqué la reconnaissance du *mahdî* dans la personne du zoroastrien Zakariyyâ' Isfahânî.

[20] Malgré une documentation littéraire assez variée sur cette période, de la *Sûrat al-Ard* du géographe iraquien et d'obédience fâtimide Ibn Hawqal (IVe / Xe siècle), en passant par le *Tâ'rîkh-i-Yamînî* du chroniqueur ghaznawide 'Utbî, ou par le *Kâmil* de l'historien Ibn al-Athîr (m. 630 / 1233), à l'histoire officielle de l'ismâ'îlisme fournie par le *dâ'î* 'Imâd al-Dîn Idris (m. en 872 / 1468) qui rapporte en outre des lettres du calife al-Mu'izz aux missionnaires du Sind dans *'Uyûn al-Akhbâr*, entre autres, on sait relativement peu de choses sur les affaires des Fâtimides dans le Sind. Voir cependant, et par exemple, Stern 1949 : 298-307, et, que nous n'avons malheureusement pas pu consulter, Hamdani 1956.

[21] Les califes 'abbâsides sont alors, et depuis 334 / 945, sous la tutelle politique des émirs bûyides, shî'ites, et la lutte contre l'influence du shî'isme est alors une priorité dans la politique des royaumes sunnites. Il apparaît même assez nettement que les incursions des Ghaznawides dans le sous-continent indien sont avant tout menées pour le pillage et le financement des campagnes occidentales contre l'influence des Bûyides.

troisième strate[22], et probablement perpétué par la dynastie des Sûmras à partir de 443 / 1051.[23] La ville de Multân demeura sous l'influence ismâ'îlienne jusqu'en 570 / 1175. Cependant, il est pour l'instant impossible d'établir des liens entre ces divers mouvements et le Gujarat.

LA *DA'WA* ISMÂ'ÎLIENNE OFFICIELLE AU GUJARAT

L'envoi d'un *dâ'î* au Gujarat n'est de fait pas attesté avant la seconde moitié du Ve / XIe siècle, après la renaissance de la *da'wa* ismâ'îlienne au Yémen, et la fondation de la dynastie des Sulayhides (429- 532 / 1038-1138), vassale des califes fâtimides du Caire.[24]

---

[22] D'après les *Risâlat al-Hind*, la propagande de al-Muqtanâ, en faveur de la reconnaissance du calife fâtimide al-Hâkim (386-411 / 996-1021) en tant que divinité, aurait eu un vif succès dans le Sind. Voir Silvestre. de Sacy d'après Daftary 1990 : 197-198.

[23] Pour la perpétuation de l'ismâ'îlisme à travers la dynastie des Sûmras, dont on sait peu de choses si ce n'est qu'elle s'éteignit apparemment dans les années 750 / 1350 pour laisser place à la dynastie des Sammas, voir Hamdani 1956. L'année 443 / 1051 marquerait l'indépendance de la dynastie par rapport aux Ghaznawides, dont elle était peut-être tributaire à Multân dès les années 420 / 1030. En effet, il semble d'après son nom, Shaykh ibn *Sûmar* Raja Bal, que le souverain à qui al-Muqtanâ envoya ses missives, était issu de la tribu et dynastie des Sûmras. Pour les sources pouvant évoquer cette dynastie, toutes relativement tardives, voir ww.erga.packhum.org/persian/. D'après A. Wink, qui ne mentionne toutefois pas sa source, il est aussi possible que les réseaux ismâ'îliens issus de la *da'wa* fâtimide dans le Sind aient survécu en s'intégrant à des mouvements soufis, et notamment, au VIIe / XIIIe, dans les Suhrawardiyyâ. Voir Wink 2000 : 427.

[24] Le *dâ'î* et fondateur de la dynastie sulayhide, 'Alî b. Muhammad al-Sulayhî se plaça, avant même de se déclarer souverain, sous l'autorité du calife fâtimide al-Mustansir (427-487 / 1036-1094), dont la propre succession entraîna un schisme important dans l'ismâ'îlisme entre Musta'liens, partisans de son fils et successeur al-Musta'lî (487-495 / 1094-1101), et Nizârites, partisans de son fils et premier successeur désigné Nizâr.

On peut observer les liens unissant les dynasties fâtimides et sulayhides, ainsi que l'envoi de missionnaires yéménites, en Inde, mais aussi en Oman, via des lettres du calife al-Mustansir (427-487 / 1036-1094) adressées aux souverains sulayhides.[25] Ces lettres confirment en grande partie les données historiques tangibles de la tradition des Bohras, suivant laquelle Mawlanâ 'Abdallâh aurait été envoyé en tant que *dâ'î* à Cambay en 460 / 1067-1068 par Qâdî Lamak b. Mâlik, agent des Sulayhides.[26] 'Abdallâh pouvant se rapporter à 'Abdallâh b. 'Alî, ou 'Abdallâh b. 'Amr, tous deux mentionnés dans une lettre de 461 / 1068 qui leur accorde, ainsi qu'à Qâdî Lamak b. Mâlik, des honneurs et des titres.[27] On apprend par ces différentes lettres, dans lesquelles Cambay n'est toutefois pas citée (ni d'ailleurs aucune autre ville), que le *dâ'î* de l'Inde, dont le nom ne semble pas non plus indiqué, trouva la mort en 468 / 1075-6.[28] On apprend également qu'en 476 / 1083, Marzubân b. Ishâq b. Marzubân fut envoyé en tant que *dâ'î* en Inde, avec l'accord du calife al-Mustansir, de même qu'Ismâ'îl b. Ibrâhîm b. Jâbir fut dépêché pour la même tâche en Oman.[29] On y lit enfin qu'en 481 / 1088, Ahmad b. Marzubân b. Ishâq b. Marzubân[30], fut nommé en Inde pour remplacer son père, décédé, tandis que Hamzâ b. Sibt Hamîd al-Dîn était mandaté « pour l'aider » en Oman.[31]

---

[25] Voir al-Hamdânî 1934: 307-324, d'après un manuscrit acquis par la Library of the School of Oriental Studies de Londres. Nous n'avons malheureusement pas pu consulter l'édition du Caire, *Al-Sijillât al-Mustansiriyah*.
[26] Voir Jhaveri 1933: 37-52.
[27] Al-Hamdani : 1934: lettre n° 55 p. 322.
[28] Al-Hamdani : lettre n° 41 p. 319.
[29] Al-Hamdani : lettre n° 63 p. 324.
[30] Christelle Brun, que je tiens ici à remercier, m'a également indiqué, d'après les renseignements qu'elle a recueillis auprès des familles Bohras du Gujarat, que ce Ahmad est aujourd'hui souvent mentionné en tant que fondateur de la communauté avec 'Abdallâh.
[31] Al-Hamdani 1934: lettre n° 50 p. 321.

Il apparaît donc nettement, à travers ces documents, que c'est bien cette *da'wa* qui donna naissance à la communauté des Bohras (littéralement, commerçants) Tayyibî[32], et que celle-ci fut en outre menée conjointement au Gujarat, et en Oman, étapes majeures sur la route maritime de la soie[33], et véritable porte du Golfe Arabo-Persique en ce qui concerne l'Oman, afin de détourner le commerce du Golfe Arabo-Persique, tenu par les 'Abbâsides, vers la Mer Rouge et l'Egypte Fâtimide.[34]

Cependant, pour le Gujarat, – comme d'ailleurs pour l'Oman –, nous n'avons que peu d'éléments pouvant nous renseigner sur le mode opératoire de la mission[35], et fort peu

---

[32] Tayyibî, du nom du vingt-et-unième *imâm* ismâ'îlien, al-Tayyib, supposé succéder au calife al-Âmir en 524 / 1130, et suivi par la dynastie sulayhide, qui dès lors revint à la doctrine des *imâm*s cachés. Il faut aussi noter qu'après la chute de dynastie sulayhide en 532 / 1138, la *da'wa* fut menée sans base dynastique politique.

[33] Les principaux centres de la route maritime de la soie, pour la partie occidentale de l'Océan Indien, du Golfe aux côtes de l'Inde, sont alors : Sîrâf, Hormuz, puis Suhar et Mascate en Oman, Daybûl dans le Sind, Sômnâth, Cambay, Broach, Saymûr (probablement sur les côtes du Konkan), Calicut. Auxquels il faut ajouter les ports du Yémen, al-Shir et Aden (puis Jeddah dans la Mer Rouge), ainsi que ceux de l'Afrique Orientale, dont Barwa, Kilwa, et Sofala en face de l'île de Madagascar.

[34] La reprise de la *da'wa* fâtimide au Yémen, constituant, pour reprendre les mots de Farhad Daftary, " une base sûre " entre la Mer Rouge et l'Océan Indien, s'inscrit déjà dans cette visée commerciale. Voir Daftary 1990 : 210-211, ainsi que Lewis 1949-1950 : 50-54.

[35] Est-ce que les *du'wâ'* successives ont cherché à convertir de hauts responsables politiques comme cela s'est pratiqué aux IIIe-IVe / IXe-Xe siècles dans le Nord-Est de l'Iran, en Transoxiane, et en partie dans le Sind, qui présentait du fait du morcellement politique, un terrain particulier et plus propice à l'enracinement du mouvement, ou bien une population, comme ce fut le cas en Afrique du Nord avec la tribu berbère des Kutâma ? Pour le premier cas, voir Stern 1960: 56-90. D'après la tradition de la communauté Bohra, – sur laquelle on ne peut guère s'appuyer solidement pour cette question, même en tronquant les aspects extraordinaires du récit –, le premier *dâ'î* aurait converti des groupes par l'intermédiaire d'un responsable religieux, ce qui aurait entraîné la conversion de dignitaires politiques jusqu'au grand souverain Chaulukya

de traces concrètes de son existence, ce qui est probablement dû au principe de dissimulation (*taqiyya*) des Ismâ'îliens.

Le site médiéval de Bhadresvar, à l'Est de l'actuel village du même nom sur les côtes du Kutch, où les historiens et architectes Mehrdad et Nathalie Shokoohy ainsi que l'épigraphiste Manijeh Bayani-Wolpert ont relevé des caractéristiques évoquant des constructions et inscriptions contemporaines d'Afrique du Nord, de Syrie et du Yémen[36], représente, dans cette optique, un cas particulièrement intéressant. Néanmoins, il paraît nécessaire, avant d'étudier le site de Bhadresvar, de considérer la présence des musulmans dans l'ensemble du Gujarat.

LES MUSULMANS DU GUJARAT D'APRÈS LES INSCRIPTIONS DES VIE / XIIE ET VIIE / XIIIE SIÈCLES

Il y a en tout, pour les VIe-VIIe / XIIe-XIIIe siècles, vingt-quatre inscriptions, dont douze épitaphes " isolées ", ne se rattachant à aucun site ou édifice de l'époque. Deux inscriptions " déplacées ", rapportant la construction de mosquées non identifiées, à Cambay en 615 / 1318 et à Sômnâth en 662 / 1264, conservées dans des mosquées plus récentes. Une appartenant au *khânqâh* (monastère soufi) de Bâbâ Hâjî Rajab à Patan, approximativement datée du VIIe / XIIIe, dont l'édifice n'a, à ma connaissance, pas été étudié.[37] Une autre, datée 685 / 1286-7, apparaissant sur une

---

Siddharâja Jayasimha (1094-1143), dont la conversion secrète est par ailleurs revendiquée par toutes les tendances de l'islam présentes au Gujarat. Voir Jhaveri 1933.
[36] Voir M. Shokoohy, N.H. Shokoohy et M. Bayani-Wolpert 1988, et infra.
[37] L'inscription étant en persan, et Bâbâ Hâjî Rajab étant probablement arrivé non par la voie maritime mais par la voie terrestre du Nord, il serait intéressant d'observer quelle(s) tradition(s) architecturale(s) y sont représentées.

mosquée de Junagadh où le culte se pratique encore aujourd'hui, et étudiée par Mehrdad et Nathalie Shokoohy parallèlement à Bhadresvar. Enfin huit inscriptions appartenant au site médiéval de Bhadresvar.[38] Si l'on excepte pour l'instant celles de Bhadresvar, on observe à travers ces inscriptions, certes des éléments indiquant l'obédience shî'ite de deux hommes décédés à Cambay au VIIe / XIIIe siècle (Sharaf al-Dîn Murtadâ ibn Muhammad ibn al-Hasan al-Mûsawî al-Husaynî al-Astarâbâdî et Amîd al-Dîn Abû'l-Mahâsin ibn Ardashîr al-Ahwî[39]), et peut-être même du constructeur ou patron de la mosquée de Sômnâth[40] ; mais on remarque surtout la place prépondérante des riches navigateurs et marchands originaires du Golfe (Arabo)-Persique.[41]

---

[38] Voir Desai 1999 et 1982 ; puis, notamment pour les reproductions des inscriptions, Desai 1965 : 1-8 et Desai 1961 : 1-28. Ainsi que M. Shokoohy et *alii* 1988 : 53-59 pour les inscriptions et 42-49 pour l'étude de la mosquée de Junagadh, qui montre la continuation du style indo-musulman des constructions de Bhadresvar.

[39] Le *nasab* (généalogie) ainsi que la *nisba* du premier indiquent très nettement un lignage de tradition zaydite du Tabaristan, peut-être suppléé par l'ismâ'îlisme nizârite, implanté dans la région, via la forteresse d'Alamut à partir de la fin du Ve / XIe siècle. Le second, de descendance zoroastrienne comme l'indique le nom Ardashîr, semble, d'après la nisba al-Ahwî, appartenir au mouvement des partisans de 'Alî, *'alawiyya*, fondé entre la fin du VIe / XIIe siècle et le début du VIIe / XIIIe siècle en Hadramaut (Yémen oriental).

[40] On peut en effet lire dans le texte de construction de cette mosquée une formule de bénédiction à Muhammad et ses nobles descendants, " *sallâ saydnâ Muhammad wa âlihi al-tîbayn* ", pouvant être interprétée comme shî'ite, et éventuellement ismâ'îlienne. Une autre formule de bénédiction utilisée pour le texte de fondation de la grande mosquée de Cambay, *sallâ Allâh 'ilâ Muhamamd wa âlihi ajama'în*, aurait pu être affiliée à un mouvement shî'ite, mais elle dénote sûrement un caractère plus universel.

[41] On trouve par exemple les *nisba* al-Bamî, par deux fois à Cambay au VIIe / XIIIe siècle, puis de nouveau au VIIIe / XIVe siècle, al-Irbilî, al-'Irâqî, ou encore al-Îrajî. Voir Desai 1971. Al-'Irâqî est la *nisba* portée par le père du fondateur de la mosquée de Sômnâth, Nûr al-Dîn Fîrûz, tous deux étant, d'après la version sanskrite du texte de construction,

SITE, TRAITS D'ARCHITECTURE ISLAMIQUE, ET INSCRIPTIONS ARABES DE BHADRESVAR

Le site médiéval de Bhadresvar, outre un temple jaïn, un temple shivaïte, et des traces de fortifications, comprend cinq structures islamiques identifiées et étudiées par le couple Shokoohy.[42] Soit, un réservoir ou puits à degré appelé Dûdhâ Wâw ; un *tchhatrî* (pavillon à colonnes surmonté d'un dôme qui, isolé comme ici, peut signaler une tombe) ; deux mosquées, la plus grande étant appelée mosquée Solahkhambî ; et un bâtiment commémoratif, connu localement comme étant le mausolée de Shahzada La'l Shahbâz ou La'l Shahbâz Qalandar[43], qui porte en style

---

originaires de l'île d'Hormuz, dans le Golfe Persique, en face de la pointe de l'Oman. Voir pour cette version sanskrite E. Hultzsch, "A grant of Arjunadeva of Gujarat, dated 1264", *Indian Antiquary* IX (1882), p. 241-245, et D.C. Sircar, "Veraval inscription of Chaulukya-Vaghela Arjuna, 1264 A.D.", *Epigraphia Indica* XXXIV, p. 141-150, qui n'offre toutefois pas de traduction. La dernière *nisba*, al-Îrajî, attachée au nom du " prince des chefs et commandants de navire ", fondateur de la mosquée de Junagadh, 'Afîf al-Dunyâ wa al-Dîn Abû al-Qâsim b. 'Alî, a été relue *al-Îdhajî* par Mehrdad Shokoohy. Voir Shokoohy 2000 : p. 41-2. La reproduction de l'estampage publiée dans Desai 1961, ne permet pas de vérifier avec certitude cette lecture. Toutefois, Îdhaj (aujourd'hui Iza) étant près d'Hormuz, cette lecture renforcerait les liens déjà connus entre Junagadh et Sômnâth, bien sûr géographiquement, mais aussi en ce qui concerne le pèlerinage (*hâjj*), pour lequel des rassemblements étaient successivement prévus à Junagadh (Abû al-Qâsim est dit dans l'inscription *'imâd al-Hâjj wa al-Haramayn*), puis à Sômnâth (où il est précisé que les suppléments de la donation ou *waqf* accordée à la mosquée doivent être envoyés à La Mecque et à Médine).
[42] Voir le plan du site, Shokoohy et *alii* 1988 : 12. Aujourd'hui, Bhadresvar est un centre de pèlerinage jaïn.
[43] Cette attribution à La'l Shahbâz, ou Shaykh 'Uthmân Marwandî, grand soufi persan du VIIe / XIIIe siècle, mort dans le Sind à Sehwân en 673 / 1263-4, où son mausolée est encore l'objet d'un important pèlerinage, notamment shî'ite (La'l Shahbâz est reconnu descendant de l'*imâm* Ja'far

coufique fleuri la principale inscription du site. A quoi l'on peut ajouter quatorze pierres tombales, dont onze sont dans l'enceinte du mausolée (*dargâh*), et trois près de la mosquée Solahkhambî.[44] Cinq d'entre elles portant des inscriptions, également en coufique fleuri, encore en partie lisibles.

Du point de vue architectural, Mehrdad et Nathalie Shokoohy ont souligné l'association d'artisans indiens locaux à l'édification des bâtiments religieux musulmans, notamment visible dans les techniques de construction (blocs de pierre agencés sans mortier, colonnes monolithiques à trois registres rappelant la forme locale du *linga* de Shiva), les motifs décoratifs (motifs floraux triangulaires, pots et feuillages, diamants et disques, lotus, etc.), et le grand portique élevé devant la mosquée Solahkhambî, qui rappelle les colonnades ouvertes des temples jaïns et hindous de l'époque.[45] Mais aussi, via les éléments caractéristiques de l'architecture religieuse islamique, l'influence de l'architecture d'Afrique du Nord, de Syrie, et du Yémen.

D'après leurs observations, les *mihrâbs* identifiés sur le site sont réalisés suivant le modèle musulman occidental, de plan semi-circulaire, et saillants à l'extérieur des murs. L'un d'eux, projeté à l'extérieur sous une forme rectangulaire et non semi-circulaire, rappelle les *mihrâbs* des mosquées fâtimides des villes de Madînat al-Sultân en Libye, al-Mahdîya en Tunisie, ou encore celle de Dhû Jibla (datée 481 / 1088-9) au Yémen.[46] L'absence de décoration des niches, et la présence de moulures proéminentes de chaque côté, suggèrent aussi l'utilisation de *mihrâbs* amovibles pouvant

---

al-Sâdiq), n'a aucune validité historique. Il serait toutefois intéressant de déterminer quand et dans quel contexte cette attribution, ou réappropriation historique, est apparue.

[44] Desai avait mentionné près de cette mosquée d'autres pierres tombales, enterrées, et peut-être également inscrites. Voir Desai 1961.

[45] Voir Shokoohy et *alii* 1988 : 39.

[46] *Idem* : 15-17, 22-23, 19-30, et 39-40.

être importés d'un pays musulman, et peut-être en bois, d'après une pratique courante en Egypte à la même époque.[47]

L'analyse paléographique de Manijeh Bayani-Wolpert sur la principale inscription du site, en coufique fleuri, a montré quant à elle des similitudes importantes avec des inscriptions tunisiennes des Ve / XIe et VIe / XIIe siècle, et plus particulièrement avec celle réalisée pour la *maqsûra* de Sidi 'Uqbâ dans la grande mosquée de Kairouan, entre 449 / 1057 et 502 / 1108.[48]

Ce qui pourrait indiquer une migration d'artistes de ces régions encouragée par la propagande fâtimide.[49] Et, comme l'avait proposé Bühler à propos de l'utilisation du terme *Shimalî* pour qualifier les musulmans dans la *Jagaducharita* (biographie du marchand et souverain jaïn contemporain du site, Jagadu / Jagadeva, écrite au VIIIe-IXe / XIVe-XVe siècle), la présence d'une communauté ismâ'îlienne.[50]

Les inscriptions, repérées par James Burgess dans les années 1870 [51], ont été déchiffrées pour la première fois par l'épigraphiste Ziyauddin Abdul Desai, dans les années 1960, puis de nouveau, comme on l'a vu, à la fin des années 1970, par Manijeh Bayani-Wolpert. Pour la principale d'entre elles, qui court en frise à l'intérieur du portique dudit mausolée de Shahzada La'l Shahbâz, Desai avait proposé de lire [52] : tout d'abord, la *basmallâh*, suivie de la formule de bénédiction *sallâ Allâh 'ilâ al-nabî Muhammad wa âlihi* accompagnée du verset du trône (Coran 2 : 255), ce qui est couramment employé sous les Fâtimides ; puis " ceci est la tombe du faible esclave espérant la miséricorde d'Allâh, Ibrâhîm b. Abû al-'Azm " (*hadhâ qabr al-'abd al-da'îf al-râjî ('ilâ) rahmat Allâh Ibrahîm b. Abû al-'Azm*) ; enfin la date Dhû'l-

---

[47] *Ibid.*, p. 16.
[48] *Ibid.*, p. 57.
[49] *Ibid.*
[50] Voir Bühler 1892, cité dans l'ouvrage précédent.
[51] Voir Burgess 1875 et 1876.
[52] Voir l'estampage de l'inscription dans Desai 1965 : planche I.

Hijja 554 / décembre 1159- janvier 1160.[53] Ce qui a été relu par Bayani-Wolpert, avec les mêmes formules religieuses et la même date : " Voici une des choses que le faible esclave espérant la miséricorde d'Allâh, Ibrâhîm b. Abû al-Futûh, ordonna " (*hadhâ mimmâ amara al-'abd al-da'îf al-râjî bi rahmat Allâh Ibrahîm b. Abû al-Futûh*).[54] Cette dernière lecture paraît assez sûre pour la *kunya* du père, grand-père, ou ancêtre d'Ibrâhîm. Cependant, malgré les concordances paléographiques[55], il est probablement plus logique de lire *qabr*, comme l'avait proposé Ziyauddin Abdul Desai, sur un édifice accueillant un *mihrâb*, dont le portique d'entrée est orné du verset du trône, et les ouvertures de la façade opposée de parties du Coran (39 : 73 et 3 : 97), très nettement funéraires.[56]

---

[53] *Idem*,. p. 3-4. Cette inscription est la plus ancienne du site. La plus récente, à demi enterrée près de la mosquée Solahkhambî est datée 625 / 1228.

[54] Shokoohy et *alii* 1988 : 54-55, qui offre aussi une reproduction dessinée très commode de l'inscription.

[55] Il est assez difficile de lire *qabr*, le *qâf*, dont on a dans l'inscription d'autres exemples de forme avec les *fâ*', ressemblant ici plus à un *mim*, et le *râ'* apparaissant trop vertical, même si du coup celui de *amara* ne correspond pas non plus aux autres, en boucle quand ils sont liés, comme dans *al-rahman* et *al-rahîm* à la première ligne, ou en point d'interrogation renversé quand ils sont isolés, comme dans *târîkh* et *'arba'a* à la dernière ligne.

[56] Voir les estampages de Desai 1965 : planche II a et b, la seconde inscription n'étant pas très lisible. D'après E. Dodd et S. Khairallah, le Coran 39 : 73 est utilisé dans l'architecture en Syrie, à Homs (cénotaphe de Fada en coufique, dans la mosquée de Khalid b. Walid, Ve / XIe siècle) et à Damas (sur la *madrasa* al-Nuriyya al-Kubra, 567 / 1171), à Tokat sous les Seljûqides de Rûm (Khalaf Ghazi Zawiya, 691 / 1292), ainsi qu'au Caire, sous les Ayyûbides (tombe du sultan al-Sâlih Najm al-Dîn Ayyûb, 647 / 1249) et sous Mamlûks au début du Xe / XVIe siècle, avec le verset suivant (*madrasa* et mausolée de Amîr Qani Bey, 908 / 1503) ; le Coran 3 : 96 n'apparaît, quant à lui, seul qu'au VIIIe / XIVe siècle, à Jérusalem (*madrasa* Amîr Tankiz). Voir Dodd et Khairallah 1981 vol. 2, qui indiquent entre autres pour chaque sourate et verset les monuments sur lesquels ils ont été relevés.

Mais au-delà de cette question, un autre élément du nom d'Abû'l-Futûh est resté ignoré, pourtant tout à fait lisible dans la reproduction de Manijeh Bayani-Wolpert. On lit en effet, comme l'a justement souligné l'épigraphiste Sheila Blair, *Ibrahîm b. Abû al-Futûh [...] al-Sirâfî* (ou Sîrâfî) [57], originaire de Sîrâf, dans le Golfe Arabo-Persique.[58] Ce qui enlève toute possibilité d'identification d'Ibrâhîm avec un petit-fils ou arrière petit-fils du *dâ'î* ismâ'îlien Abû al-Futûh Dâwûd ibn Nasr, qui mourut dans les geôles de Ghazna suite à la conquête de Multân par Mahmûd de Ghazna en 401 / 1010, ou, ce qui était déjà fort contestable, avec le *dâ'î mutlaq* du Yémen, de l'Inde et du Sind nommé en 536 / 1141, Ibrâhîm ibn al-Husayn al-Hâmidî, comme l'avait proposé Manijeh Bayani-Wolpert.[59]

En outre, une autre épitaphe dans l'enclos du mausolée d'Ibrâhîm est également dédiée à un certain Abû al-Faraj b. 'Alî *al-Sîrâfî*, mort à Bhadresvar en 569 / 1174.[60] Ce lien attesté avec Sîrâf permet aussi de rattacher au même groupe l'épitaphe exécutée en coufique fleuri et coufique tressé[61] sur la tombe se trouvant entre le *mihrâb* du mausolée et la précédente stèle. En effet, ce type de combinaison, bien que d'un style assez distinct, est visible sur des pierres tombales de Sîrâf régulièrement datées des IVe / Xe et Ve / XIe siècles, dont la forme a pu par ailleurs inspirer celles de Bhadresvar.[62] D'après Sheila Blair, les éléments

---

[57] Le *râ'* de " sirâfî " étant isolé et le *yâ'* pas visible.
[58] Voir Blair 1989b : 391.
[59] Voir Shokoohy et *alii* 1988 : 54.
[60] Voir l'estampage de Desai 1965 : planche IVa, le nom du défunt commençant à peu près au milieu de la 2ᵉ ligne, et sa *nisba* à la fin de cette même ligne. Desai avait d'abord lu ce nom Abû al-'Azîz 'Alî al-Sunyâmî. Voir aussi les photographies reproduites dans M. Shokoohy et *alii* 1988, par exemple planche 11.
[61] Le coufique tressé est originaire et surtout présent dans le Nord-Est de l'Iran, plus particulièrement dans la province du Mazandaran. Voir Bivar et Yarshater 1978.
[62] Voir Lowick 1985, par exemple les planches XII, XIII, et XV.

architecturaux islamiques du site, rapprochés par les Shokoohy d'édifices d'Afrique du Nord, de Syrie et du Yémen, seraient en fait issus de la migration d'artistes de Sîrâf, que l'on retrouve également en Afrique Orientale à la même époque.[63] A cet égard, l'analyse paléographique réalisée par Manijeh Bayani-Wolpert sur la principale inscription de Bhadresvar devrait être élargie, au moins pour vérification. Il apparaît en effet que son étude s'est appuyée sur l'examen d'un grand nombre de sites présentant des inscriptions en coufique fleuri, mais sans tenir compte de celles du port de Sîrâf.[64] La migration d'artistes d'Afrique du Nord, de Syrie ou du Yémen, via Sîrâf, ou directement envoyés ou appelés à Bhadresvar n'étant pas exclue.

En effet, s'il convient, d'après les trois inscriptions mentionnées plus haut[65], d'inscrire Bhadresvar dans les réseaux marchands du Golfe Arabo-Persique, la présence ismâ'îlienne n'est pas à écarter. D'abord, parce que de nombreuses inscriptions de Sîrâf révèlent des noms originaires de la région du Mazandâran[66], traditionnellement shî'ite, zaydite, et où l'ismâ'îlisme a aussi été prêché au III-IVe / IXe-Xe siècle, puis de nouveau à la fin du Ve / XIe par les Nizârites. Mais aussi, et surtout, à cause de l'utilisation de

---

[63] Voir Blair 1989b, ainsi que Lowick 1985 : 84. Mehrdad Shokoohy, dans sa publication postérieure au compte-rendu de Blair, (Shokoohy 2000) ne fait aucune mention de cette possibilité, et de fait ne la réfute pas.

[64] A propos du développement du style coufique fleuri, et de son association abusive avec la dynastie fâtimide, voir respectivement Grohmann 1957 et Blair 1999.

[65] A ces trois inscriptions, plus les deux citations coraniques inscrites sur les fenêtres du mausolée d'Ibrâhîm, s'ajoutent trois autres épitaphes, ne laissant apparaître, d'après les estampages reproduits, que des dates, et des citations coraniques courantes pour ce type d'inscriptions (Coran 28 : 88 ; 3 : 185 ; et 55 : 26-27). Manijeh Bayani-Wolpert a toutefois proposé de lire le nom du défunt Sumra b. Farhâ pour l'inscription datée 573 / 1177, près de la mosquée Solahkhambî. Voir Shokoohy et alii 1988 : 59, et Desai 1965 : planche IIc.

[66] Lowick 1985 : 84.

la formule de bénédiction au prophète Muhammad et à sa famille, *sallâ Allâh 'ilâ al-nabi Muhammad wa âlihi*, de surcroît associée au verset du trône (Coran 2 : 255), – même si ces deux éléments sont généralement associés dans l'ordre inverse durant la période fâtimide.[67] De plus, on sait qu'à partir de la deuxième moitié du Ve / XIe siècle, au moins, des missionnaires ismâ'îliens ont été envoyés du Yémen pour prendre position dans le Golfe Arabo-Persique en Oman, et " aider "[68] les missionnaires de l'Inde. Et l'on peut observer que le port de Sîrâf connaît parallèlement une chute progressive au cours du Ve / XIe siècle, due à la piraterie des émirs de l'île voisine de Qays (ou Qish), ce qui entraîne un déplacement de population, et le déclin du commerce de la région, justement recherché par la propagande fâtimide.

On peut donc probablement voir à travers le cas de Bhadresvar, non pas une mission directe, organisée autour d'un *dâ'î* qui aurait été mandaté par les plus hautes instances de la *da'wa*, mais l'exemple d'un réseau de commerce pénétré à l'échelle individuelle par la propagande ismâ'îlienne, via l'Oman et les réseaux du Golfe Arabo-Persique.[69] Dans cette optique, il serait sans doute bienvenu de faire une étude épigraphique globale des sites portuaires de l'Ouest de l'Océan Indien. Et d'entreprendre à Bhadresvar, dont la partie médiévale offre l'avantage d'être inhabitée, une campagne de fouilles archéologiques.

---

[67] Voir Blair 1986: 339.
[68] Voir supra et note 15.
[69] Les conversions à échelle individuelle, donnant naissance à des chaînes de missionnaires secondaires ou, pour reprendre Derryl Maclean, " subsidiaires ", sont déjà préconisées dans un traité du IVe / Xe siècle, le *Kitâb al-'âlim wa al-ghulâm*, étudié par W. Ivanov dans *Study in early Persian ismailism*, 1955, et mentionné dans Maclean 1989 : 149.

BIBLIOGRAPHIE

Aubin J. (1959), "La ruine de Sîrâf et les routes du Golfe Persique aux XIe et XIIe siècles", *Cahiers de Civilisation Médiévale* II, p. 295-301.

Bivar et Yarshater eds. (1978), *Eastern Mazandaran*, Lund Humphries, Londres, 11 p., 72 pl.

Blair S.S. (1999), " Floriated Kufic and the Fatimids ", dans Barrucand M. dir., *L'Egypte Fatimide, son art et son histoire*, Presses de l'Université de Paris-Sorbonne, Paris, p. 107 et suivantes.

Blair S.S. (1986), "Erika Cruikshank and Shereen Khairallah, The Image of the Word : A Study of Qoranic Verses in Islamic Architecture ", *Arabica* XXXI iii, p. 337-342.

Blair S.S. (1989b), "M. Shokoohy, NH. Shokoohy and M. Bayani Wolpert, Bhadresvar the oldest Islamic Monuments in India, and M. et N.H. Shokoohy, Hisar-i Firuza, 1988" *Journal of the Society of Architectural Historians* 48 iv, p. 390-391.

Blayac J. (2005), *Etudes des sources relatives aux premières communautés musulmanes du Gujarat, Ier-VIIIe / VIIe-XIVe siècles*, Mémoire de DEA, sous la direction de L. Kalus, Université de Paris IV-Sorbonne.

Bühler G. (1892), "The JAghaducharita of Sarvanada", *Indian Studies* I, Vienne.

Burgess J. (1875), *Memorandum on the Remains at Gumli, Gop, and in Kachh*, Archaeological Survey of Western India, Memoirs III, 1875.

Burgess J. (1876), *Report on the Antiquities of Kathiawâd and Kachh*, 1874-1975, Archaeological Survey of Western India II.

Chaudhuri K.N. (1985), *Trade and civilisation in the Indian Ocean: an economic history from the rise of Islam to 1750*, Cambridge University Press, Cambridge (1993).

Daftary F. (1990), *The Ismâ'îlîs : their history and doctrines*, Cambridge University Press, Cambridge.

Desai Z.A. (1999), *Arabic Persian and Urdu Inscriptions of West India, a topographical List*, New Delhi.

Desai Z.A. (1982), *Persian and Arabic epigraphy of Gujarat, their historical significance*, Baroda.

Desai Z.A. (1961), "Muslims in the 13th century Gujarat, as known from Arabic inscriptions", *Journal of the Oriental Institute* X, p. 353-364.

Desai Z.A. (1965), "Kûfî epitaphs from Badresvar in Gujarat", *Epigraphia Indica Arabic and Persian Supplements (EIAPS)*, p. 1-8.

Desai Z.A. (1961), "Arabic inscription of the Rajput period from Gujarat", *Epigraphia Indica Arabic and Persian Supplements (EIAPS)*, p. 1-24.

Dodd E. and Khairallah S. (1981), *The Image of the Word : a Study of Quranic Verses in Islamic Architecture*, Beirut, 1981, 2 vols..

Grohmann A. (1957), "The origin and early devlopment of floriated Kûfic", *Ars Orientalis* II, p. 183-213.

Hamdani, A. (1956), *The Beginnings of the Ismaili da'wa in Northern India*, Le Caire.

Hamdânî H.F. al- (1934), "The letters of Al-Mustansir bi'llâh", *BSOAS* VII, p. 307-324.

Jhaveri D.B.K.M. (1933), "A legendary history of the Bohoras", *Journal of the Bombay Branch of the Royal Asiatic Society (JBBRAS)* IX i-ii, p. 37-52.

Lewis B. (1948), "Ismâ'îlî notes ", *BSOAS* XII, p. 597-600.

Lewis B. (1949-1950), "The Fatimids and the route to India", *Revue de la faculté des sciences économiques d'Istanbul* XI (1949-1950), p. 50-54.

Lowick N.M. (1985), *Siraf XV, The coins and monumental inscriptions*, British Museum of Persian Studies, Londres.

Maclean D.N. (1989), *Religion and Society in Arab Sind*, Brill, Leiden.

Shokoohy M. and N.H., and Bayani-Wolpert M. (1988), *Bhadresvar: the oldest Islamic monuments in India*, Brill, Leiden.

Shokoohy M. (2000), "Bhadresvar and the architecture of the early Muslim settlers", dans C. London ed., *The Arts of Kutch*, Marg Publication, Mumbai, p. 30-47.

Stern M.S. (1955), " Heterodox ismâ'îlism at the time of al-Mu'izz ", *BSOAS* XVII, p. 10-33.

Stern M.S. (1960), " The early ismâ'îlî missionaries in North-West Persia and in Khurâsân and Transoxiana ", *BSOAS* XXIII, p. 56-90.

Stern M.S. (1949), " Ismâ'îlî propaganda and Fatimid rule in Sind ", *Islamic Culture* XXIII, p. 298-307.

Stern M.S. (1983), *Studies in early ismâ'îlisme*, Brill, Leiden.

Vatikiotis P.J. (1954), "The syncretic origins of the fâtimid da'wa ", *Islamic Culture*, 28, p. 475-91.

Wink A. (1991), *Al-Hind, the making of the Indo-Islamic World* vol. I, Brill, Leiden.

2.

LE « RETOUR » DES BOHRAS AU CAIRE (EGYPTE) :

DE L'ETAT FATIMIDE À LA TERRE PROMISE

Sophie Blanchy

Cet article évoque les restaurations architecturales entreprises au Caire par le chef d'un groupe musulman chiite, les Dawoodis Bohras, et l'établissement récent d'une communauté bohra dans la capitale égyptienne, événements qui vont de pair avec l'expansion continue de la diaspora. Je voudrais mettre en évidence leur rôle et leur signification dans la conduite de la communauté, et montrer comment l'idéologie de l'héritage fatimide développée par le chef de ce groupe lui a permis de renforcer ses règles politiques et économiques depuis plus de trente-cinq ans, tout en répondant à diverses pressions internes et externes. Je m'appuie essentiellement sur des observations de terrain réalisées au Caire[70], ainsi que sur l'analyse de textes diffusés sur les sites web bohras officiels et réformistes, et de textes imprimés qui circulent dans les communautés.

Les Dawoodis Bohras, musulmans chiites ismailiens, comptent plus d'un million de personnes. Ils sont installés

---

[70] Pendant mes séjours au Caire (1999-2000) j'ai été accueillie dans les séminaires du CEDEJ (Centre d'Etudes et de Documentation Economiques, Juridiques et Sociales); j'ai étudié la presse égyptienne dans le service de documentation de ce centre, avec l'aide de Sherif Labib pour la traduction ; j'ai été accompagnée par Nadi Abd al-Ghaffar, historien, pour les enquêtes sur les lieux de culte au Caire. Voir aussi Blanchy 1995.

dans une centaine de villes en Inde, où se trouve leur centre, et dans trente-cinq pays répartis sur les cinq continents. Ils se rassemblent régulièrement autour de leur chef sur les lieux de pèlerinage, ou dans les points d'établissements, lors de la célébration d'Ashura et d'autres fêtes religieuses chiites.

Le slogan idéologique du « retour » au Caire est une revendication des racines fatimides de cette communauté sans territoire. Du Xè au XIIè siècle, l'histoire du chiisme ismailien s'est déroulée au Caire avec la dynastie fatimide. Le centre religieux des Bohras s'est déplacé ensuite de l'Egypte au Yémen, puis en Inde.

Mohammed Burhanuddin dirige le groupe depuis 1965. Son but, d'après sa biographie officielle[71], a été de lui donner « un élan socio-religieux qui a mené avec précaution la communauté musulmane traditionnelle dans le monde contemporain »[72]. Toujours selon des sources officielles, il a adopté une stratégie « pour renforcer les puissantes racines religieuses de sa communauté, en particulier à travers une renaissance architecturale pleinement réussie, tout en l'entraînant dans un vaste programme d'éducation ». La photo de couverture du livre montre la cour refaite à neuf de la mosquée al-Anvar du Caire, qui est donc le symbole de cette renaissance, tandis que se dresse, au fond, la tour minaret insérée dans les remparts fatimides de la ville.

L'extraordinaire développement technologique des formes de communication et de circulation des quarante dernières années ont entraîné de grands changements dans les conditions de vie des Bohras, et plus généralement des Indiens de la diaspora, dont ils font partie : la recherche de racines va de pair avec l'expansion géographique et économique, et le travail d'enracinement historique est aujourd'hui, de la part du dirigeant des Dawoodis Bohras, un

---

[71] Syedna Mohammed Burhanuddin, *An Illustrated Biography*, Surat.
[72] Traduit par moi de l'anglais (http: //www.jameasaifiyahtrust.org/).

moyen de garder le contrôle d'une communauté dynamique et moderne.

Jonah Blank (2001 :135) observait en Inde que « le clergé bohra est organisé comme un "gouvernement fatimide – en – exil", bien que l'exil soit dans le temps et non dans l'espace ».[73] La revendication de l'héritage fatimide formulée par son chef concerne la riche production de cette époque dans deux domaines, l'architecture et la littérature.

Après avoir rappelé en quoi l'époque fatimide constitue un « âge d'or » constamment invoqué, je parlerai des deux derniers *dâ'i*, les chefs de la communauté, et de leur politique interne et externe, puis je décrirai les interventions du dernier *dâ'i* sur les monuments fatimides du Caire, la réaction des Cairotes et l'organisation de la communauté bohra au Caire.

L'ÂGE D'OR DU CAIRE FATIMIDE

Le nom du groupe, Shiah Fatimi Musta'lî Tayyibi Dawoodi Bohra, rappelle les principales scissions dont il est issu. A la disparition de l'*imam* Ismail, les sources écrites ismaili sur lesquelles s'appuient les Bohras parlent, pour les années de 765 à 909, d'une période de *satr* (*imam*s cachés)[74]. A cette époque, le centre de la propagande ismailienne était à Salamiyya en Syrie. Des missionnaires, appelés *dâ'î*,

---

[73] Pour autant, Blank ne parle absolument pas, dans son ouvrage, de l'établissement bohra contemporain au Caire.
[74] Dr. Abbas Hamdani, Professeur à l'Université de Wisconsin, USA, http://www.dawoodi-bohras.com/issues/fatimid_lit.htm. Il est plausible qu'une chaîne de filiation spirituelle ait remplacé la filiation biologique. Les adversaires des Fatimides leur reprocheront, plus tard, cette illégitimité: avec l'intervention de Maymun al Kaddah, à qui le 5è *imam* Jaffar al Sadiq avait confié son petit fils le 7è *imam* Muhammad, les *imam*s ne sont plus des Alides, mais des Kaddahites. Il en fut ainsi de quatre *imam*s (8è, 9è, 10è, 11è), ce dernier se donnant le titre de Mahdi mais reconnaissant ensuite avec empressement son successeur al Qa'im qu'il tenait, lui, pour le véritable Mahdi, car c'était un descendant de Ali (*Encyclopédie de l'Islam*, « Fatimides », p 871).

travaillaient à l'expansion de cette religion au Yémen, en Afrique du Nord, en Egypte. Persécuté par les Abassides, le leader Ubayd Allah quitta la Syrie pour l'Afrique du Nord, s'autoproclama le Mahdi et fonda la dynastie fatimide (en 910). Le 4è calife fatimide, al-Muizz, conquit Fustat, capitale de l'Egypte, puis fonda al-Qahira (le Caire) et construisit en 970 la mosquée d'al-Azhar. Dans les textes bohras, le Caire est toujours nommé al Mu'uzziya al-Qahira, du nom de son fondateur considéré comme un ancêtre du *dâ'î*, sinon de tous les Bohras[75]. L'Egypte fatimide fut une puissance politique et économique qui avait soumis La Mecque et Médine. Une importante activité culturelle se développa dans les arts, les sciences et l'architecture. Celle-ci s'épanouit dans la construction des mosquées Al-Azhar, Al-Anvar ou al-Hakim[76], al-Aqmar, et de nombreux mausolées.

A cette époque, la communauté était déjà répandue au Yémen, et au-delà, dans le Sindh et le Hind. Les premières conversions en Inde datent de 460/1067. A Cambay, on honore la tombe du missionnaire Abdallah qu'aurait envoyé « l'imamat de la secte musta'lienne du Yémen »[77]. Dès le règne d'al-Mustansir, comme l'explique Ayman Fu'ad (2002), le chef de la *dawa* (*dâ'î al-du'ât*)[78] constata que l'influence des vizirs grandissait en Egypte aux dépens du pouvoir de l'*imam*, et vit la nécessité de mettre l'héritage littéraire de la *dawa* à l'abri, en prévision de la chute de l'Etat fatimide. Les Sulayhides maintenaient à cette époque le calme au Yémen, et leur sultan était le *dâ'î* du Yémen. Les manuscrits écrits depuis des siècles au Maghreb, en Egypte et en Iran furent transférés au Yémen.

---

[75] Renaissance de l'architecture fatimide, http://jameasaifiyahtrust.org.
[76] Seuls les Bohras nomment la mosquée Al-Anwar, ou al-Anvar selon leur prononciation. La mosquée est connue sous le nom de al-Hakim d'après le caliphe fatimide qui la fit construire.
[77] *Encyclopédie de l'Islam*, « Bohoras », 1975 : 1292-93.
[78] Il s'agissait d'al-Mu'ayyad fi'l-Dîn al-Shîrâzî (m. 470/1078).

Pour les Dawoodis Bohras, le dernier *imam* visible est le vingtième, Amir bin Mustali, mort en 524H/1130. Le siège de l'imamat quitta alors le Caire pour le Yémen où la reine sulayhide nomma en 1138 le premier *dâ'î el mutlaq* (de l'arabe *mutlaq*, absolu, complet, souverain). Depuis, les *imam*s (cachés) se succèdent sous le nom d'*imam* de l'époque actuelle (*imam uz Zaman*) dont l'anniversaire est célébré le même jour que celui du 21è *dâ'î*, le 4 Rabi ul-Akhar. A la liste des 21 *imam*s connus fait suite celle des *dâ'î el mutlaq* enterrés au Yémen juqu'en 1567, puis en Inde. La conquête du Yémen par les Turcs en 1538 rendit impossible le maintien d'un centre chiite. Le 24è *dâ'î*, mort en 1567, est enterré à Tiaha au Yémen, puis le vingt-cinquième *dâ'î* transféra le centre de la *dawa* en Inde en emportant les nombreux manuscrits déjà sauvés de la destruction en Egypte. Dès lors, le Yémen, où se trouvaient de nombreuses tombes d'imams et de *dâ'î*, resta inaccessible aux Ismaili Tayyibi Bohra pendant 400 ans.

Il n'y a pas que l'architecture fatimide qui témoigne du caractère « d'âge d'or » de cette époque dans l'esprit des successeurs. Ce fut aussi une période de grande production intellectuelle, au cours de laquelle furent écrites d'importantes œuvres religieuses et philosophiques qui reflètent les débats intellectuels de l'époque. Cette littérature fatimide contient des travaux de philosophie (comme ceux d'al-Kirmani), de droit et d'histoire (comme ceux du Qadi al-Numan), et une collection de *majalis*, leçons données par les *dâ'î*s successifs (comme celles du Qadi al-Numan et, au XIè siècle, du *dâ'î* al-Muayyad fid-din al-Shirazi)[79]. Elle contient aussi des textes sur l'organisation de la *dawa* (la mission, le

---

[79] Abbas Hamdani, « Fatimid Litterature. Reaction, preservation, transfert, concealment and revival ». Pour plus d'informations sur la question, voir http://www.dawoodis-bohras.com/issues/fatimid_lit.htm, 2003.

mouvement religieux), la préparation des *dâ'î*, leurs qualifications, et la hiérarchie des responsables, y compris le *dâ'î el-mutlaq*. Après le transfert d'Egypte au Yémen, les *dâ'î* ont continué de produire des œuvres.

LA PERSONNALITÉ DES DEUX DERNIERS *DÂ'Î* ET LEUR POLITIQUE INTERNE ET EXTERNE.

En Inde, le centre de la *dawa*[80] fut installé dans différentes villes : à Ahmadabad jusqu'en 1657, puis à Jamnagar dans le Gujerat, à Mandui dans le Kutch voisin, à Ujjain au Madya Pradesh, à Burhanpur au centre de l'Inde, puis à nouveau dans le Gujerat, à Surat et à Bombay. Des problèmes de succession apparurent au temps du 47è *dâ'î*, en 1847. D'après les réformistes bohras, n'ayant pas été désignés par *nass*, lui-même et ses successeurs ne furent pas reconnus par les *'ulama*, mais ils auraient accepté en secret de se dire seulement *nazim*, « organisateurs » de la communauté. Cependant, les deux derniers *dâ'î*, dont les règnes couvrent tout le XXè siècle, se revendiquèrent bien comme *dâ'î el mutlaq* et exercèrent un pouvoir accru sur la communauté. De 1915 à 1965, le 51è *dâ'î*, Taher Saifudin, « unifia sa communauté et resserra tous ses réseaux », selon les sources officielles. Depuis 1965, son fils Mohammed Burhanuddin poursuit et renforce sa politique.

Les sources pour l'étude de la communauté pendant le XXè siècle sont très partiales : il s'agit des textes produits d'une part par le *dâ'î*, de l'autre par les réformistes qui remettent en question ses méthodes. Au fondement de leurs critiques se trouve la question de la nature des attributs spirituels des *dâ'î* (l'infaillibilité), et l'absence de désignation inspirée pour le 47è *dâ'î* en 1840. Les réformistes considèrent que la famille du *dâ'î* bénéficia de l'élimination

---

[80] *Dawa* est traduit dans l'ouvrage de Blank par « clergé bohra », mais ce mot signifie aussi mission, institutions religieuses, et parfois fois Etat.

des *'ulema*, qui avaient un rôle dans la direction du groupe à cette époque. Les deux derniers *dâ'î* ont renforcé au XXè siècle cette aristocratie familiale, et augmenté leur pouvoir personnel et leur contrôle des communautés et des individus, en durcissant des règles existantes (promesse *misaq*, autorisation *raza*). Ces transformations augmentent les flux financiers convergeant vers le centre de la *dawa* contrôlé par le *dâ'i*. Celui-ci, aspirant à une image d'homme d'Etat, voyage en déplaçant des foules de fidèles, et en faisant aux pays visités des dons culturels ou humanitaires importants. Tout ceci est rediffusé en détail sur le site web avec photo et films. Dans ce contexte, le thème de l'héritage fatimide cimente la communauté autour de son histoire.

On notera que le mouvement interne de réforme est apparu sous le régime colonial britannique, et qu'il fut favorisé par l'accès aux cours de justice. Il émergeait après une longue période où la communauté cultivait surtout sa solidarité interne face aux menaces extérieures. Les premiers procès intentés par des Bohras à leur chef datent des années 1920, pour captation d'argent des fondations ou des associations, abus de pouvoir (interdictions de mariage pour défaut de barbe), confiscations de mosquées aux communautés insuffisamment soumises, etc. Les enjeux inhérents à ces conflits sont la légitimité et la limite des pouvoirs du *dâ'î* sur les Bohras et sur leurs biens communautaires. Le *dâ'î* a mis au point une réponse par le boycott social (*baraat*) de ses opposants[81].

En 1979 à Surat, puis à nouveau en 1982 au Caire, le *dâ'i* annonce les nouvelles règles coercitives qu'il impose aux Bohras du monde entier au nom du respect de la *sharia*, comme la tenue vestimentaire obligatoire[82] Des cartes

---

[81] Shabbir Hussain Shaikh Badruddine Madraswala, « The clergy and the courts », http://www.dawoodis-bohras.com/issues/fatimid_lit.htm, 2006.
[82] Plus respectée dans des petites communautés périphériques incapables de s'intégrer dans la société d'accueil, comme à Madagascar, que dans celles d'Europe ou du Nouveau Monde. A Paris, cette obligation est peu

d'adhérent en couleur indiquent le degré de soumission de chaque membre et l'état de paiement de ses taxes (J. Blank, 2002 : 180-183). Pourtant les Bohras, par le biais des associations de jeunes gens, avaient été fort actifs dans les campagnes d'émancipation de la femme indienne entre 1929 et 1945 comme le montrent les travaux menés par Rehana Ghadially. Elle rapporte que dans les années 1940, en Inde, le *purdah* était de moins en moins observé dans l'élite puis dans les classes aisées, y compris bohras. L'imposition d'une tenue réglementaire pour hommes et femmes marque donc l'emprise grandissante du *dâ'î* sur sa communauté et nourrit le mouvement réformiste.

Celui-ci revendique une attitude rationaliste et veut œuvrer de l'intérieur pour limiter la dépendance des fidèles à l'égard de leur chef, rétablir certaines idées et pratiques qu'il aurait déformées à son profit[83], et adapter les règles de vie à la société contemporaine. Ces réformistes se trouvent en Inde (à Udaippur par exemple), mais aussi dans certains établissements à l'étranger comme en Ontario. Ils expliquent l'étonnante soumission à ces règles des Bohras, même les plus éduqués, en soulignant la situation très minoritaire de leur communauté dans le monde musulman, en rappelant l'indispensable paix sociale recherchée par les Bohras commerçants, ceux qui font des études supérieures étant encore rares, surtout dans le domaines des sciences humaines qui donnent une conscience critique ; enfin, en montrant que la petite taille des communautés dans la diaspora, empêche de faire des choix individuels en rupture avec la majorité.

Mise à l'abri et conservée en Inde, la riche littérature fatimide fut d'abord étudiée dans l'école ouverte à Surat au

---

suivie, et les jeunes générations à haut niveau d'éducation adhèrent moins aux règles communautaires.
[83] Sur ce point, les sources écrites jouent un rôle important, et leur rétention a une signification politique.

XIXè par le 43è *dâ'î* [84]. Les enseignants faisaient recopier les manuscrits par leurs étudiants, ce qui permit la création de bibliothèques familiales comme celles des Sayfi, des Wali, des Imadi et des Hamdani. Les réformistes dénoncent la captation organisée par les deux derniers *dâ'î* qui ont usé de coercition pour mettre ces collections sous leur contrôle. Seuls la famille Hamdani a résisté et a mis ses textes à la disposition des chercheurs bohras et étrangers.

Hussein Hamdani publia en 1955 au Caire un premier travail sur l'histoire de la *dawa* Tayyibi, en étudiant le livre du *dâ'î* Idrîs 'Imâd al-Dîn, *'Uyûn al-akhbâr*, (Sources d'information...) conservé dans sa famille. Des parties de cette oeuvre furent publiées au Liban (par un Nizari) et en Tunisie dans les années 1970-1980. En 2002, le volume 7 fut publié en arabe par l'Egyptien Ayman Fu'âd Sayyid, avec un résumé en anglais[85]. Cet héritage littéraire avait été partagé lors des scissions survenues au cours des siècles. Des textes réapparurent peu à peu au cours du XXè siècle. Du côté des nizari, Agha Khan III laissa des chercheurs (en particulier Ivanow) étudier les manuscrits dont il était le dépositaire.

Les textes officiels bohras mettent en avant le développement de l'école de Surat, transformée par le père du *dâ'î* actuel (qui régna de 1915 à 1965) en une grande université, la Jâmiyya al-Sayfiyya, où sont dispensés des enseignements généraux en anglais. Elle est présentée comme « une "bouture" de l'université d'al-Azhar du Caire

---

[84] Abbas Hamdani, « Fatimid Litterature. Reaction, preservation, transfert, concealment and revival », http://www.dawoodis-bohras.com/issues/fatimid_lit.htm, 2003.

[85] Idrîs 'Imâd al-Dîn, 19è *dâ'î*, né à Shibam au Yémen, dirigea la communauté pendant quarante ans (il mourut en 872/1468) et écrivit plusieurs ouvrages d'histoire en s'appuyant que les sources ismaili. Le volume 7 retrace l'histoire des *imam*s à la fin de l'époque fatimide, avec la scission entre Nizarî et Musta'lî, le déplacement du centre de la *dawa* vers le Yémen et son renouveau sous les Sulayhides. Idrîs 'Imâd al-Dîn avait lui-même préparé de son vivant le futur déplacement de la *dawa* vers l'Inde.

transplantée sur le sol indien » parce qu'on y a copié le style architectural fatimide en particulier le *mihrab* d'al-Azhar[86]. Filles et garçons y sont logés et étudient séparément. La Jâmi'a al-Sayfiyya de Surat continue de faire recopier à chaque étudiant l'intégralité de cette œuvre, mais en retient toujours toutes les copies.

LA STRATÉGIE DU RETOUR AU CAIRE : HÉRITAGE ET COMMUNAUTÉ IDÉALE.

Dès qu'il arrive au Caire, le *dâ'î* se rend à la mosquée Al-Anvar avant même de regagner son palais. Le jour suivant, il va à nouveau prier à la mosquée, puis au sanctuaire d'al-Hussein.

Le retour au Caire a fourni un contenu idéologique fort au programme du *da'i*. La restauration de la mosquée Al-Anvar est présentée dans les différents textes officiels tantôt comme une bénédiction (*baraka*) qui a permis un véritable réveil de la religion, tantôt comme un tour de force financier (dont l'UNESCO, pressenti, fut incapable), tantôt comme un miracle, enfin comme un « acte d'amour et de dévotion » du *dâ'î* » envers le 16è imam, al Hakim bi Amrillah, qui l'avait construite au 10ᵉ siècle : « Une maison d'Allah a été restaurée dans sa forme originale et un oasis de pureté et de spiritualité a été établie dans un environnement négligé »[87].

Interventions des Bohras dans les lieux fatimides

Le Caire a toujours fait partie des lieux de pèlerinages (*ziara*) mais les Bohras n'y étaient pas installés jusqu'aux années 1970, quand de jeunes parents du *dâ'î*, des *baissab*

---

[86] En 1983, une annexe de cette académie fut construite à Karachi, où figure une réplique en miniature d'une porte de la mosquée al-Aqmar du Caire.
[87] Biographie illustrée de Syedna Mohammed Burhanuddin, 2002, « Renaissance de l'architecture fatimide », http://jameasaifiyahtrust.org).

(ou *bhay saheb*), vinrent y faire des études de langue arabe, sans doute en prélude au futur projet[88]. En 1976, le *dâ'î* célèbre 'Ashura au Caire dans un local loué et en 1982 dans la mosquée restaurée, où il réitère son discours de reprise en main des communautés.

Les interventions du *dâ'î* sur les monuments fatimides du Caire se déroulèrent dans l'ordre suivant :

1) en 1965, don d'une grille en argent[89] pour le tombeau de la tête d'al-Hussein. Au Caire, les dévots touchent et embrassent la grille pour s'imprégner de la *baraka* du tombeau (Chih, 2000).

2) en 1398H/1977, don d'une grille pour le tombeau de Sayida Zaynab, sœur d'al-Hussein, et une des saintes patronnes du Caire.

3) en 1400H/1980, restauration du *mirhab* de la mosquée al-Azhar (à l'occasion de son millénaire).

4) en 1401H/1981, restauration de la mosquée Al-Anvar (ou al-Hakim).

5) en 1993, restauration de la mosquée al-Aqmar[90].

6) en 1995 restauration de la mosquée al-Lu'lu'a.

7) en 1996 grille sur le tombeau de Saida Ruqaya, fille d'Ali.

8) en 1996 restauration du sanctuaire al-Guyushi.

Le retour au Caire n'est que la partie la plus emblématique d'une entreprise plus vaste. Mohammed Burhanuddin fut le

---

[88] Par la suite, dans les années 1980, des jeunes Bohras s'inscrivirent à l'Americain University of Cairo (AUC).

[89] *Zarih, zarih mubarak*, grille décorative en bois ou en métal qui protège le tombeau d'un saint (*maqsûra* en arabe).

[90] Les mosquées fatimides portent toutes un nom qui suit le même modèle: al-Anwar, al-Aqmar, al-Azhar, al-Afkhar (al-Fakahani). Cette dernière, déjà largement refaite en 1735, était en cours de restauration en 2000 par service des Antiquités. Sa construction datant des derniers *imam*s fatimides non reconnus par les Bohras, leur chef n'a pas cherché à financer les travaux (Entretien avec un architecte égyptien du service des Antiquités).

premier *dâ'î* à visiter le Caire en 1937, puis l'Afrique du Nord fatimide, mais aussi le premier à pouvoir pénétrer et organiser ses rituels sur les lieux saints de l'islam chiite, comme le sanctuaire de l'*imam* Hussein à Kerbela et celui de Roos es Shohada (têtes des martyrs de Kerbela) en Syrie, où il a offert une grille en 1414H/1993.

En même temps, il souligne lui-même qu'il est aussi le premier *dâ'î* à avoir visité l'Occident et les USA, à y avoir construit des mosquées, et (depuis son séjour en Australie en 2000) à avoir visité les cinq continents. Parallèlement aux rassemblements sur les lieux saints de l'islam chiite, qui se multiplient grâce à un calendrier très organisé, l'expansion géographique est encouragée et un grand retentissement est donné aux inaugurations de mosquées (comme celle de Frémont, San Francisco, Californie, en août 2005): la réussite d'une diaspora sous contrôle du *dâ'î* lui permet d'augmenter les prélèvements financiers et renforce son poids politique.

La tête d'al-Hussein, martyr de Kerbela, ré-apparut au Caire en 1153. En Egypte, la mosquée al-Hussein est un centre religieux aussi important qu'al-Azhar. Le Président de la République et les ministres viennent y prier pour les grandes fêtes. La grille en argent, où des milliers de pèlerins posent dévotement leurs mains pour demander l'intercession d'al-Hussein, n'en a qu'un plus grand impact. En 1986, le *dâ'î* a également offert une porte intérieure en argent ouvragée et placée dans cette pièce.

Les femmes bohras se rendent aussi sur les tombes de Sayida Zaynab, considérée comme la sœur d'al-Hussein (peut-être la cousine de Sayida Nafisa, arrière-petite-fille d'al-Hassan, voir C. Williams, 1993 : 152), de Sayida Ruqaya (une fille d'Ali, gendre du Prophète, avec une épouse autre que Fatima) et de Sayida Sakina. Ces tombes sont recouvertes de robes de mariées et de coiffures de fleurs offertes en remerciement des vœux de mariage exaucés. Elles sont très fréquentées par le peuple égyptien urbain et rural. Les pèlerins touchent la grille pour y prendre la *baraka*.

Après la chute des Fatimides, la mosquée Al-Anvar (ou al-Hakim) avait été livrée pendant des siècles à divers usages : prison pour les Croisés, puis étable sous Saladin, elle servit à Napoléon d'entrepôt et de forteresse, puis d'annexe de musée, avant d'abriter une école sous le régime de Nasser. Elle avait été ravagée par un ancien tremblement de terre, et aussi par la croyance populaire qu'un trésor était enfoui en dessous ce qui entraîna maintes fouilles. De même surface que la célèbre mosquée Ibn Tulun, Al-Anvar a une salle principale plus vaste et plus haute, et montre les nouveautés architecturales nord-africaines qu'apportèrent les Fatimides.

Le thème de la gestion de l'héritage fatimide, concentré sur la restauration des mosquées du Caire, est répandu par les discours du *dâ'î*, inlassablement répétés au cours du calendrier liturgique et sur le web, utilisé largement aujourd'hui pour les diffuser. En soulignant ce que chaque édifice a d'unique dans son style architectural[91], le discours utilisé par le chef de la communauté signifie que son action est unique, et qu'elle contribue à reconstruire pour les siens une identité unique, à la fois distinctive et distinguée, symbolisée par le prestigieux label de « fatimide ». Al-Anvar, la quatrième en taille dans le monde, était particulièrement abîmée. Al-Aqmar, construite par le calife al-Amir, présente en façade des coins (*muqarnas*) typiques de l'art fatimide. Lu'lu'a, où le calife al-Hakim se retirait la nuit pour prier,

---

[91] On peut voir au Musée Islamique du Caire des ouvrages en bois de l'époque fatimide provenant de ces monuments : le cénotaphe d'al-Hussein, daté du XIIIè siècle, fait de panneaux de motifs géométriques et floraux sculptés dans du teck indien, portant des bandeaux d'inscriptions coraniques en écriture koufique et naskhi ; et trois *mihrab* amovibles fatimides venant respectivement de la mosquée de Sayida Nafisa, daté du XIIè siècle (règne du calife al-Hafiz), du mausolée de Ruqaya, fille d'Ali (sous le règne du calife al-Amir,1101-1131), avec une inscription en koufique, et de la mosquée al-Azhar, daté de 1125 (portant le nom du calife al-Amir inscrit en koufique).

montre la caractéristique unique d'avoir un *mihrab* à chacun de ses trois niveaux.

Le cas d'al-Lu'lu'a et de Guyushi est exemplaire. En effet, le *dâ'î* jouit de ces deux monuments de manière presque privative, avec l'accord tacite des autorités égyptiennes. Les gardiens sont employés par les Bohras, mais aussi par l'Etat égyptien qui surveille ainsi leurs activités. Les voisins n'y sont pas admis, officiellement pour des questions de sécurité et de propreté, malgré le principe islamique que les mosquées sont toujours ouvertes à tout croyant.

Construite en 406H/1016 sous le règne d'al-Hakim, Lu'lu'a, au pied de la falaise du Muqattam, a une forme de donjon à trois étages. La salle du premier étage est réservée au *dâ'î*, le « sultan des Bohras » comme l'appellent les Egyptiens. Une plaque, posée à gauche du *mihrab,* indique qu'elle a été restaurée en 1415H/1995 par «Mohammed Burhan *dâ'î el fatimi»*. La salle du deuxième est réservée à l'*amira* (sa petite-fille, princesse en titre) et aux femmes de la famille, la troisième salle à d'autres femmes. Seule la famille peut prier dans la mosquée, les autres Bohras restant à l'extérieur, sur la terrasse, où sont déroulés des tapis. Un petit appartement a été aménagé au sous-sol pour le *dâ'î* en cas de besoin.

Lors de l'inauguration de Lu'lu'a en présence du Premier ministre et du Ministre des waqf, le *dâ'î* a offert de restaurer le monument voisin datant de 1538, composé d'une tombe et d'un couvent (*khanqah*) de soufis de l'ordre iranien des Khalawati (voir C.Williams, 1993 : 130). Il semble que cette demande, comme celle de la restauration d'al- Guyushi, ait été motivée par la situation du monument, à l'écart du centre ville, et la possibilité d'en faire un monument réservé aux Bohras. Cette offre fut officiellement déclinée par les Egyptiens parce que, d'après le gardien, une femme turque se disant descendante du fondateur avait demandé à le restaurer elle-même.

Al-Guyushi fut construit pour sa sépulture par le vizir, ou « Amir al Guyushi », qui dirigea l'Egypte de 1074 à 1094. La proximité d'un camp militaire et la distance du centre ville – il faut un véhicule – décourage les Cairotes de venir. Isolée et tranquille, visitée par quelques rares touristes, la mosquée est, dans les faits, réservée aux Bohras.

La réaction des Cairotes

Les articles sur les chiites représentent pour les journalistes égyptiens un moyen indirect d'analyser les rapports entre islam, société, et Etat en Egypte, et de critiquer l'Etat[92].

Dans les années 1990, des articles consacrés au chiites Bohras annoncent que « leur « sultan » veut transférer son trône de l'Inde au Caire ». Les Bohras sont dénoncés comme venus « faire main basse » sur les monuments du Caire « à coups de millions de dollars », ayant des idées chiites « fausses et extrémistes », rendant à un culte à leur chef et non à Dieu. Un Bohra aurait déclaré: « *L'Egypte est notre*

---

[92] Les trois journaux les plus lus en Egypte sont al-Ahram, al-Akhbar et al-Gumuriyya. Ceux qui ont parlé nommément des Bohras sont al-Ahrar, al-Siyasi al-Masri, Rozal Youssouf, Masr el-Fatah. Le journal Rozal Youssouf, qui cultive le thème très vendeur du « complot chiite », est un hebdomadaire à manchettes attirantes livrant des révélations sur tous les personnages religieux du pays, sunnites et coptes compris. Al-Ahrar (Les libres) est libre et critique. Al-Siyasi al-Masri (Politique Egyptienne) reflète généralement les positions officielles. Le régime iranien de l'imam Khomeyni, condamné officiellement par le gouvernement égyptien, a donné l'occasion aux courants politiques de s'exprimer sur les relations entre islam, société et Etat. De nombreux journaux ont publié des articles sur les chiites, tantôt considérés comme des frères en islam, représentant des *madhab* licites, comme les Zayidi et les Jafari, voire tous les Duodécimains, tantôt présentés comme hérétiques et mécréants. Pour les mouvements islamistes comme l'opposition nationaliste des Frères musulmans, la dénonciation en bloc de certains régimes, islamiques ou non, fut une manière de dénoncer symboliquement l'illégitimité de l'Etat égyptien (voir l'analyse de la presse sur la révolution iranienne dans Machhour et Roussillon, 1984).

refuge, .../... nous allons rebâtir la gloire de notre ancêtre al Muiz et nous reviendrons tous en Egypte». Un autre: *« L'Egypte est un grand et beau pays et représente pour nous la "terre promise". J'invite les Bohras du monde entier à venir en Egypte, terre de nos ancêtres »*[93].

D'après cet article, les Egyptiens du quartier populaire de Gamaleyya, où se trouve la mosquée al-Anvar, n'acceptent pas la présence des Bohras parmi eux. Un *hajj* révèle qu'il ont acheté de nombreuses boutiques au prix fort (70% de la rue Muiz serait devenue leur propriété) et qu'ils essaient de contrôler le plus grand nombre d'immeubles, dans ce quartier comme à Mohandeseen, Daher et Abidin. Cette acquisition du Caire fatimide se fait « avec de l'argent dont on ne connaît pas la source ». Les journaux ajoutent qu'Al-Azhar (les autorités religieuses) ne fait aucun commentaire.

L'accusation d'accaparement du foncier est fréquente dans les pays où s'établissent les commerçants d'origine indienne ; l'acquisition foncière correspond à une stratégie systématique, qui prend parfois la forme d'un envahissement ou d'une privatisation masquée. Des réformistes bohras racontent sur leur site web comment, en octobre 2003, un clash survint à Surat quand le clergé bohra voulut fermer au public les ruelles entourant la luxueuse université bohra Jâmi'a al-Sayfiyya, alors qu'elle est située au milieu d'un bazar de la ville. Les commerçants hindous qui contestaient cet abus de pouvoir reçurent aussitôt le soutien du parti radical hindou BJP, déjà impliqué dans les émeutes sanglantes anti-musulmans de la fin 2002[94]. La situation des Bohras, minoritaires dans la minorité musulmane en Inde, est très exposée. Plus tôt, en 2002, des musulmans sunnites de ce quartier, qui hébergeaient habituellement des Bohras, avaient

---

[93] Article de Mahmoud Rafa'a dans *Al-Siyasi al-Masri* du 20/2/94.
[94] Bharatiya Janata Party. Ces émeutes ont fait 2000 morts au Gujerat.

décidé de les chasser après une bagarre déclenchée par l'un de ceux-ci[95].

Au Caire, c'est sur la recommandation du *dâ'i* que des Bohras ont acheté des boutiques rue Muiz, les faisant tenir par des jeunes parents nouveaux venus en attendant que ceux-ci trouvent une meilleure activité. Le chef des Bohras a sans doute rêvé de repeupler le quartier qui s'étend d'al-Anvar à al-Hussein. Mais le Caire fatimide n'est pas la propriété des Bohras et les Egyptiens peuvent s'en sentir à bon droit les héritiers, eux aussi. Cependant, les différentes institutions chargées de la conservation et de la gestion du patrimoine égyptien sont écrasées par les coûts, et parfois en concurrence entre elles : une source externe de financement peut être positive, même si les méthodes de restauration employées sont contestables. L'accord signé avec le *dâ'i* pour la restauration d'al-Anvar a été conclu au plus haut niveau de l'Etat. Le président Sadate est venu à son inauguration en 1981, ce qui a donné plus de force à la présence des Bohras au Caire.

Les Egyptiens reconnaissent que les mosquées fréquentées par les Bohras sont d'une propreté absolue, qu'ils sont discrets et ne provoquent jamais de conflits. A al-Anvar, leurs heures de prières sont décalées par rapport à celle des sunnites égyptiens -, le muezzin n'appelle que les sunnites-, et un coin de la salle leur est réservé. Ils font vivre autour d'eux un petit monde de Cairotes modestes qui leur rendent de menus services... et avec lesquelles il savent, et doivent, se montrer généreux.

Les Bohras du Caire : la communauté idéale du *dâ'î*

La communauté du Caire a une organisation différente de toutes les autres: petite, comme aux confins de la diaspora, elle est gérée non par un Conseil Territorial (comme à Madagascar par exemple) mais directement par les parents du

---

[95] http://www.dawoodi-bohras.com/chronicle.

dâ'î, les *bhaysaheb*, notamment par son fils, pressenti pour être son successeur. Le *dâ'î* y vient environ trois fois par an : les contacts avec lui, beaucoup plus faciles qu'à Bombay, font des Bohras du Caire des privilégiés. Le *dâ'î* a fait venir des jeunes couples, choisis uniquement en Inde, qui ont accepté non pour des raisons commerciales mais par dévouement pour leur chef religieux. Peu scolarisés, ils sont assez fermés à tout ce qui n'est pas commerce ou religion. Parmi eux figurent aussi quelques jeunes femmes de la diaspora qui ont fait des études à la Jâmiyya al-Sayfiyya et s'y sont mariées.

Au delà de ce premier noyau, des Bohras, qui considèrent le Caire comme un bon centre d'affaires, y ont créé des usines de tissus, de boulangerie industrielle, de papier (les créateurs d'usine obtiennent des visas de séjour de cinq ans au lieu d'un an renouvelable), ou travaillent dans le courtage commercial (ceux qui sont sans travail et sans visa ne restent pas, les responsables de la communauté veillant à n'avoir aucun point d'achoppement avec les lois égyptiennes). Mais ils ne trouvent pas au Caire le même style de vie, les mêmes loisirs, que dans d'autres établissements d'Inde ou de la diaspora. La plupart d'entre eux vivent à Mohandseen et y ont leur magasin. C'est là que se trouve la *madrasa*, obligatoire pour les enfants dès cinq ans.

La communauté se réunit à Al Anvar pour la prière tous les jeudis soir (début du jour de vendredi), puis ils vont prier sur les tombes d'al-Hussein, et si possible de Ruqaya et Nafisa, parfois de Zaynab. La présence de tous est vivement recommandée, la pression sur les familles est très forte.

Il semble que le *dâ'î* ait voulu établir au Caire une communauté idéale, de son point de vue, et Lu'lu'a lui a permis de faire jouer à sa famille le rôle de véritable famille royale « fatemi », comme l'indique la plaque. La désignation inspirée (*nass*) du successeur de chaque *dâ'î* a souvent suivi la ligne de la filiation ; lorsque ce ne fut pas le cas, les enjeux de pouvoir étaient importants. Au Yémen, 17 des 22 *dâ'î* qui se succédèrent appartenaient à la même famille ; en Inde, 9 *dâ'î* de la dynastie rajpute se succédèrent de 1674 à 1840. Le *dâ'î* actuel descend du 47è *dâ'î* controversé par les réformistes qui régna en 1840 (J. Blank, 2001 :334, n.5). Les descendants du 47è *dâ'î* constituent une première élite, à l'intérieur de laquelle se distingue un groupe de deux cents personnes, les parents du *dâ'î* actuel, appelés Qasr-e Ali. Comme ceux des califes fatimides, ils sont princes et princesses (*shahzada* et *shahzedi*) et reçoivent les titres de *bhaisaheb* et *behnsaheb*. La mosquée Lu'lu'a du Caire, avec ses trois salles réservées à la « famille royale », selon le rang de chacun, fait office de théâtre où se joue le texte que le *dâ'î* veut imposer à la communauté et où il tient le rôle de « sultan » fatimide[96].On fait partie de cette aristocratie par filiation ou par mariage, mais aussi par un comportement soumis et dévoué, et par des actions économiques et rituelles où l'argent est central. Les rituels de « baise-pied » (en réalité, baise-main) et l'organisation de coûteuses réceptions (*ziyafa*) offrent un cadre à une gestuelle de la soumission et à des transferts financiers très élevés. Le dévouement, concrétisé par l'assiduité aux rituels et par l'importance des dons, permet d'accéder au premier cercle. Même le gardien égyptien de Lu'lu'a est flatté d'être non loin du *dâ'î* sur une photo prise au cours d'un rituel nocturne où il plantait un arbre sur la terrasse. On y voit le « sultan » entouré des *baissab*s et d'un important industriel bohra du Caire[97].

---

[96] Le sentiment de distinction sociale est une caractéristique des Bohras. Un groupe d'évangélistes qui développe des missions dans le monde entier sous le nom de « The Last Frontier » (définition de la partie du monde ayant le moins accès à la Bible), définit les Bohras comme pratiquant l'élitisme social et la séparation des basses castes, ces dernières étant plus réceptives qu'eux à l'évangélisation.

[97] Les liens entre les entrepreneurs économiques et les chefs religieux sont en général opaques. Cependant la présentation de l'histoire du groupe Abdoolally Ebrahim & Co (HK) Ltd sur son site internet permet de percevoir les liens entre les *dâ'i* et cette dynastie de grands

Le dévouement s'exprime aussi par la diffusion, par des notables bohras, de textes (imprimés ou mis en ligne) qui se font le relais du discours officiel. Un Bohra de Klang, en Malaisie, a édité un livret en 1996, quand le *dâ'î* vint inaugurer la première mosquée bohra de ce pays, érigée sur un terrain que les Bohras avaient acquis depuis 1928. Il y développe le thème des miracles provoqués par la présence du *dâ'î*, car celui-ci était venu en 1979 : « Le miraculeux prodige de cette visite a pris la forme d'une belle et majestueuse mosquée qui attend l'arrivée du Mola et son acceptation de ce cadeau » (Noman Jamali, 1997: 24, traduit de l'anglais).

La tenue vestimentaire est la première marque de soumission, et pour rendre le *rida* féminin acceptable, le *dâ'i* déclare que cette tenue longue à collerette et capuchon était le vêtement de Sayida Zaynab, et que toutes celles qui la portent et l'imitent sont, comme elle, des princesses. Comparé à l'ancien *tchador* porté sous le régime du *purdah*, et encore en usage parmi les duodécimains, le *rida* est plus gai. La variété des tissus exposés dans les magasins, à Bombay notamment, montre à quel point le *rida* est influencé par le *sari* indien. Comme celui-ci, le tissu à *rida*, vendu au mètre, est décoré de motifs imprimés ou brodés sur tout un côté. Un système de la mode s'est reconstitué autour du *rida* dans la société féminine bohra, en tenant compte des styles (marqués par les couleurs, les broderies) adaptés aux diverses circonstances. On remarquera cependant qu'aucune photo de femme bohra n'est visible sur les sites internet des membres

---

commerçants bohras, fondée à Bombay il y a 160 ans, et développée vers Hong-Kong et Shanghaï. Il est indiqué que c'est avec la bénédiction du 51è *dâ'i* qu'un premier rachat des parts détenues par les descendants de deux associés eut lieu en 1965, et c'est avec la bénédiction du 52è *dâ'i* qu'un deuxième rachat entre frères, en 1988, fit du président actuel le seul propriétaire de l'entreprise.

de la communauté ; sur les sites commerciaux, seuls les tissus sont montrés.

CONCLUSION

Le chef des Dawoodi Bohras prélève sur sa communauté, en majorité des commerçants, des moyens financiers considérables grâce à un système de taxes fixes conforme à la *sharia*, et de dons illimités en échange de ses bénédictions. Pour conserver à ce flux monétaire ascendant un niveau élevé, il a resserré, à la suite de son père, son contrôle sur la communauté tout en revalorisant son histoire et son identité. Ce faisant, il a voulu prévenir et accompagner l'évolution sociologique du groupe dans la société globale, en équilibrant les règles coercitives et les encouragements à la modernité. A ce niveau, le rappel de l'histoire fatimide et l'opération du « retour » au Caire ont joué un rôle clé, non seulement pour la petite communauté qui y a été placée, mais pour l'ensemble de la diaspora qui a pu se ré-approprier symboliquement un lieu de fondation. Sur les lieux saints, les Bohras ne sont qu'une minorité parmi les musulmans en général et même parmi les chiites, et ne peuvent obtenir que difficilement certains privilèges.

En même temps, de la part du chef des Bohras, cette campagne bien organisée autour du thème de l'héritage fatimide a été une stratégie, comme il le dit lui-même, permettant de dynamiser la communauté autour de sa personne, mais aussi de lever des fonds, ou de justifier d'une partie de leur utilisation. En effet, si l'on en croit les déclarations des réformistes, le véritable héritage fatimide, celui des idées, de la littérature, est dans le même temps confisqué par le chef des Bohras qui ne souhaite pas le laisser à la porté ni de sa communauté ni du monde extérieur.

L'entreprise du « retour » au Caire a révélé une tendance constante à la privatisation et à la captation de ces ressources historiques que sont les monuments et les manuscrits. Le chef des Bohras doit faire face à l'expression d'oppositions diverses. Certains Bohras contestent le mode de gouvernement monarchique abusif et désuet, le culte de la personnalité, et certaines méthodes comme le boycott social.

Le retour au Caire met donc à nu des mécanismes présidant aujourd'hui à l'organisation de la communauté en Inde et dans la diaspora. C'est un bon point d'observation de la place de ce petit groupe dans la société globale, et des forces et des faiblesses des politiques menées par son chef. On retiendra les différences de contexte entre les communautés en Inde et les établissements de la diaspora - pays industrialisés ou pays en développement -, les tensions entre orthodoxes et réformistes qui travaillent la communauté depuis le début du XXè siècle, et l'inscription de ces événements internes dans la société globale, en Inde, au Pakistan et dans les autres établissements, chaque société ayant ses problématiques particulières.

Bibliographie

Association Anjuman-e Burhani (1990), *Dawoodi Bohra Infos n°0*, Paris, 8 p.

Association Anjuman-e Burhani (1991), *Dawoodi Bohra Infos n°1*, Paris, 8 p.

Association Anjuman-e Burhani (1991), *Dawoodi Bohra Infos n°2*, Paris, 8 p.

Ayman Fu'ad Sayyid, ed. (2002), *The Fatimids and their Successors in Yaman. The History of an Islamic Community.* Arabic Edition and English Summary of Idrîs 'Imâd al-Dîn's 'Uyun al-akhbâr, vol. 7, in collaboration with Paul E. Walker and Maurice A. Pommerantz, I.B. Tauris, London – New York.

Barbar Kamel T, et Gilles Kepel, « Les Waqfs dans l'Egypte contemporaine », *Dossiers du CEDEJ n°1*, Le Caire, Centre d'Etudes et de Documentation Economiques, Juridiques et Sociales.

Blanchy Sophie (1995), *Karana et Banians, les communautés commerçantes d'origine indienne à Madagascar*, Paris, L'Harmattan, 346 p., biblio., gloss., index, photos.

Blanchy Sophie (2006), « Indians in Madagascar : Religion, Ethnicity and Nationality », in *Critiquing Nationalism, Transnationalism and Indian Diaspora*, Adesh Pal ed., New Dehli, Creative Books, pp 92-105.

Blank Jonah (2001), *Mullahs on the Mainframe : Islam and modernity among the Daudi Bohras*, Chicago & London, University of Chicago Press, 408 p.

Bouchon Geneviève (1980), "Pour une histoire du Gujerat du XVè au XVIIè siècle", *Mare Luso-Indicum,* IV, Paris, Société d'Histoire de l'Orient, p.145-158.

Burhani Women's Association (1992), *[Document sans titre sur les Dawodi Bohras]*, Paris, France, ronéo, 107 p.

Chaube, J. (1975), *History of Gujerat Kingdom (1458-1537)*, New Delhi, Manohar Lal.

Chih Rachida (2000), *Le soufisme au quotidien. Confréries d'Egypte au XXè siècle*, Paris, Sindbad.

Commissariat M.S. (1957), *A History of Gujarat*, vol. 2, Ahmadabad, Gujerat Vidya Sabha.

Crooke William (1972), *Herlklots'Islam in India (the customs of the Muslims of India)* (revised and arranged by), (first published in 1832), Oriental Books Reprint Corporation, New Delhi-55.

Encyclopaedia of Islam (1971), t. III, Leiden, E.J.Brill, London, Luzac and Co (Imambara p.1163).

Encyclopédie de l'Islam (1927) (1ère edition), t.II, Leyde, E.J.Brill, Paris, Auguste Picard (Imambara p.503, Imam Shah p.504, Khodja p.1017-1018).

1936 (1ère edition), t.III, Paris, Librairie C. Klincksieck (Muta p.826-829)

1975 (2ème édition), tome I, Leiden, E.J.Brill, Paris, Maisonneuve & Larose (Agha Khan p.254, Bohoras p.1292-93)

1978 (2ème édition), t. IV, Leiden, E.J.Brill, Paris, Maisonneuve & Larose (Ismailiyya p.206-215)

1986 (2ème édition), t. V, Leiden, E.J.Brill, Paris, Maisonneuve & Larose (Khodja p.26-28)

Engineer Asghar Ali (1980), *The Bohras,* Sahibabad, Vika Publishing House.

Engineer Asghar Ali (1985), *Indian Muslims, A Study of the Minority Problems in India,* Delhi, Ajanta Publications.

Ghadially Rehana (1996), "Campagne pour l'émancipation des demmes dans une secte Ismaili Shia (Daudi Bohra) de musulmans indiens : 1929-1945 », WLUML (Women Living Under Muslim Laws), dossier 14-15, novembre 1996, 15 p.

Ghadially Rehana (2003), "A Hajari (Meal Tray) for 'Abbas Alam Dar : Women's Household ritual in a Sout Asian Muslim Sect", *The Muslim World,* Vol. 93, issue 2, p. 309 et sq.

Ghai Dharam P. & Ghai Yash P., eds. (1970), *Portait of a Minority: Asians in East Africa,,* Nairobi, Oxford University Press.

Goiten D.S. (1958), " New light on the beginning of the Karim merchants ", *Journal of Economic and Social History of Orient, I.,* pp 175-184.

Gregory R. (1972), *India and East Africa. An History of race relations within the British Empire (1890-1939)*, Oxford University Press.

Hazareesingh K. (1973), *Histoire des Indiens de l'île Maurice*, Paris, A. Maisonneuve.

Hiteau Jean (1968), "Les communautés indiennes en République Sud-Africaine", *REFPA* n° 26, Février.

Ibn Battuta (1982), *Voyages*, 2 tomes, Paris, Editions La découverte.

Kapadia K.M. (1966), *Marriage and Family in India*, London, Oxford University Press.

Karimdji Mahmodbhay (1970), "Les Daoudi Bohras, vus par Victor Jacquemont en 1832", Notes et Documents, Tananarive, *BM* n° 289, Juin, p.562-564.

Laoust Henri (1985), *Comment définir le sunnisme et le chiisme*, Paris, Geuthner.

Lokhandwalla S. T. (1967), "Islamic law and Ismaili communities, Khodjas and Bohras", *Indian Economic and Social History Review*, Vol. IV/2, p.155-176.

Lombard Denys et Aubin Jean éds (1988), *Marchands et hommes d'affaires asiatiques dans l'Océan Indien et la Mer de Chine, 13è-20è siècles*, Paris, Editions de l'EHESS.

Machhour Mohga et Alain Roussillon (1984), La révolution iranienne dans la presse égyptienne, *Dossiers du CEDEJ n°4*, Le Caire, Centre d'Etudes et de Documentation Economiques, Juridiques et Sociales, 110 p.

Millot Jean (1969), "Le pays de Kutch et ses paradoxes", *Objets et Mondes*, t. IX, Fasc. 4, p.341-382, Paris, Musée de l'Homme.

Mpakati A. (1975), "La question indienne dans l'Est africain", *REFPA* n°118, octobre.

Mujeeb M. (1969), *The Indian Muslims*, London, George Allen and Unwin Ltd.

Noman Jamali, Yousouf Sh. (1997), *52nd Dai el Mutlaq Syedna Mohamad Burahnuddin Saheb (TUS)*, Selangor, Malaisie, roneo, 28 p.

Pearson M. N. (1976), *Merchants and Rulers in Gujerat. The Response to the Portuguese in the Sixteenth Century*, Berkeley, Los Angeles, London, Califormia University Press.

Raymond André, 1993, *Le Caire*, Paris, Fayard, 428 p.

Roy Shibani (1984), *The Dawoodi Bohras, An Anthropological Perspective*, Delhi, B.R.Publishing Corporation.

Shababul Eid-iz-Zahabi Souvenir Committe (1965), *His Holiness Dr Syedna Muhammad Buhranuddin, 52nd Dai-el-Mutlaq, A Treasury of Reminiscence* (en arabe et anglais), publié par le Shababul Eid-iz-Zahabi Souvenir Committe à Bombay en 1965 à l'occasion de l'intronisation du dernier "Vicegerent of the Imam". (communiqué par M. Akabaraly Adamjee)

Shorter Encyclopaedia of Islam (1974), Leyden, E.J.Brill, 670 p. (ismailiyya p.179-183)

Surendra Gopal (1975), *Commerce and Crafts in Gujerat, 16th and 17th centuries. A study in the impact of European expansion on precapitalist economy*, New Delhi, People Publishing House.

Williams Caroline (1993) (5è édition), *Islamic Monuments in Cairo, a Practical Guide*, fourth edition, The American University in Cairo Press, 311 p.

Yule Henry (Col.) & Burnell A.C. (1986), *Hobson-Jobson. A Glossary of Colloquial anglo-indian words and phrases, and of kindred termes, etymological, historical, geographical and discursive*, London, Routledge and Keegan Paul (première édition 1886).

Sites web :
http://mumineen.org
http://jameasaifiyahtrust.org
http://en.wikipedia.org
http://www.dawoodi-bohras.com

3.

L'ÉCRITURE DE L'HISTOIRE CHEZ LES KHOJAS ISMAÉLIENS DE L'INDE ET DU PAKISTAN

MICHEL BOIVIN

Quand et pourquoi les Khojas se sont-ils intéressés à leur histoire ? Quel rapport ont-ils eu à leur histoire dans la période contemporaine ? Comment ont-il entrepris d'écrire leur histoire : dans quels contextes et à quelles fins ? Voici quelques unes des questions à laquelle cette brève contribution tentera d'apporter des réponses. Elle sera axée sur deux points principaux : la périodisation et la sélection des sources. Tous les ouvrages contemporains ayant un rapport avec l'histoire des Khojas n'ont pas été systématiquement investigués. On se reportera pour une liste, certes non exhaustive, à la bibliographie.

ECRITURE DE L'HISTOIRE ET CONSTRUCTION DE LA COMMUNAUTÉ

Les Agha Khans et l'écriture d'une histoire

La période qui suivit l'installation de Hasan ʿAlî Shâh en Inde (1843) vit se multiplier les arbres généalogiques (*shujaro*) où était retracée la descendance de l'*imâm* Husayn (*pûthiyu*). Les *pothî*[98] reflètent également la reconstruction généalogique qui est alors en œuvre au sein des Khojas. Avant 1843, ils contiennent essentiellement des listes de *pîr* et lorsque des listes d'*imâm* apparaissent, elles sont toujours accompagnées de listes de *pîr*. Notons en passant que les listes de *pîr* varient. Les trois *pothî* qui datent de la première moitié du 18ème siècle ne contiennent que des listes de *pîr*, et c'est seulement celui qui date de la fin du 18ème siècle où une liste de *pîr* est associée à une liste d'*imâm*. En revanche, après 1863, les listes ne sont plus que des listes d'*imâm* avec une exception qui présente une liste d'*imâm* associée à une liste de prophètes dans un manuscrit de 1872. L'importance de la généalogie apparaît également dans le fait que la récitation de la liste des *imâm* est une part intégrante de la prière (*du`â*).

Si les listes de *pîr* peuvent être divergentes, les listes d'*imâm* sont plutôt similaires à l'exception du rôle qui est attribué au deuxième *imâm* Hasan. A une date inconnue – fut-ce pendant l'imâmat de Hasan `Alî Shâh ? – il disparaît des listes et c'est son frère Husayn qui devient le deuxième *imâm*: cela visait-il à accentuer son rôle de sauveur, en le rapprochant du Prophète ? Le fait qu'au début du 20ème siècle il apparaisse encore dans certaines listes, comme dans celle de Sulaymân Ghulâm Husayn ou de Rahimtoolah (cité par Mujtaba Ali, 1936, 55-56), alors que dans d'autres listes, il avait disparu comme *imâm*, indique clairement que le changement ne s'est pas produit du jour au lendemain. Hasan deviendra, suivant les listes, le *pîr* ou le *hujjat* de son frère l'*imâm* Husayn.

Entre temps, l'imprimerie se développe chez les Khojas qui délaissent progressivement les manuscrits. La finalité de l'écriture se transforme elle aussi, produisant en retour une modification de la nomenclature : les auteurs cherchent alors

---

[98] Un *pothî* réunit différentes catégories de textes religieux, manuscripts ou imprimés, que conserve chaque famille pour les dévotions privées.

à reconstituer la chaîne de l'imâmat (*sîlsîla imâmat*). L'une des premières publications de ce type paraît à Bombay en 1910 sous la plume de Harjîbhâ'î Pûnjâ Master. Karachi et les Khoja sindhis suivront avec par exemple l'ouvrage de Hâshim Lâlû publié en 1928. L'argument généalogique sera pourtant très long à s'imposer au sein des Khojas: il peut en effet paraître contradictoire avec la généalogie mythique des *imâm*. Cette généalogie, qui est elle aussi récitée plusieurs fois par jour, et qui constitue le cœur de la prière canonique, fait de l'*imâm* la dixième incarnation du dieu Vishnû.

L'Aga Khan Case de 1866 aura deux conséquences importantes sur l'écriture de l'histoire chez les Ismaéliens. D'une part l'usage et la version de l'histoire des Ismaéliens que développe le juge Arnould deviendra une vulgate, et d'autre part l'histoire sera instrumentalisée par les disciples de l'Aga Khan, mais également par ses détracteurs dans le débat passionné qui porte sur la légitimité de l'Aga Khan à être le chef spirituel des Khojas. Le juge Arnould pose la question de savoir qui sont les Ismaéliens, les Aga Khans et les Khojas. Il cherche dans un premier temps à distinguer les Sunnites, les Chiites et les Ismaéliens en utilisant comme source l'historien britannique E. Gibbon (1737-1794). Sur les Ismaéliens, il s'appuie sur Antoine Isaac Silvestre de Sacy (*Exposé de la religion des Druzes*, Paris, 1838) et Josef Hammer-Purgstall (*Geschichte der Assassinen*, Stuttgart und Tübingen, 1818). Le juge Arnould démontre que les Khojas sont bien des Ismaéliens, et que leur chef spirituel est par conséquent l'Aga Khan. Cette décision produit une sorte de canonisation de la thèse de l'origine islamique des Khojas, qui se trouvent ainsi reliés à l'ismaélisme historique, à travers d'une part sa phase fatimide et d'autre part sa phase nizârite. Cette thèse est cependant loin de faire autorité au sein même des Khojas.

Le retentissement de l'Aga Khan Case sera tel que des articles sur les Khojas seront publiés en Europe. En 1876, H.

B. Frere, un haut fonctionnaire britannique chargé d'une mission en Afrique orientale, publie un article intitulé : les Khojas, disciples du Vieux de la Montagne[99]. L'objectif qu'il poursuit est de démontrer que les Khojas sous domination britannique sont prospères et civilisés, alors que sous la domination cruelle et bigote des Portugais, ils sont en train de disparaître. Puis en 1910, Dominique Menant publie deux articles dans la *Revue du Monde Musulman* sur les Khojas du « Guzarate »[100]. Dans une première partie, l'auteur retrace l'histoire de l'ismaélisme et des Ismaéliens.

Le véritable début de l'écriture de l'histoire chez les Khojas sera provoqué par Sultân Muhammad Shâh, *imâm* de 1885 à 1957. Connu sous le nom d'Aga Khan III, Sultân Muhammad Shâh accorde une grande importance à l'histoire qu'il envisage comme expérience du passé et témoignage de l'évolution. Elle tend surtout à démontrer que la civilisation islamique a guidé les autres civilisations vers le progrès et qu'elle contient par conséquent dans ses propres sources les réponses au défi du modernisme européen. A ses yeux, le mérite essentiel de l'Islam est d'avoir renouvelé les révélations antérieures et, surtout, d'avoir proposé un message dont l'objectif vise avant toute chose l'adhésion à la contemporanéité. Cette conception implique que les sources scripturaires se présentent sous un double aspect: une partie d'entre elles est composée de "vérités éternelles", pour citer une expression aga khanienne, et le reste forme un ensemble de préceptes qui doivent régler les problèmes de la vie quotidienne tels qu'ils se posaient à l'époque du Prophète. Pour lui, la capacité d'adaptation de l'Islam est sa force. Il est par conséquent convaincu que le Prophète Muhammad a demandé aux Musulmans de toujours rester « ibn al-waqt », les « fils de leur époque ». C'est une ambition naturelle pour tout Musulman que de pratiquer sa foi en accord avec les

---

[99] V oir Frere 1876: 342.
[100] Voir Menant 1910 : 214-323 et 406-424.

normes de l'époque[101].

Cette conception a de multiples implications sur le plan de l'autorité et de sa transmission en Islam, et sur celui de la rationalité pragmatique de l'Islam. En ce qui concerne la question de l'autorité, l'existence d'un guide à toutes les époques devient indispensable du fait de la nécessité d'interpréter certains principes islamiques. L'*imâm* chiite, à la suite du Prophète, doit mettre en œuvre l'herméneutique des vérités éternelles pour qu'elles puissent continuer à définir un cadre de vie pour les croyants.

Mais pour l'Aga Khan, qu'est-ce que l'Histoire? Il utilise le plus souvent le terme dans le sens de passé. Lorsqu'il s'agit de l'évolution, il préfère l'expression du "flux des circonstances". Quels liens existent entre le Créateur et le déroulement des évènements historiques? L'Aga Khan ne juge pas utile de les expliquer. Le fait qu'il utilise de telles expressions indique qu'il considère que l'évolution humaine n'est pas totalement sous le contrôle du Créateur. En 1918 déjà, il décrit l'évolution de l'homme comme le résultat de "de la volonté de la providence et du jeu des forces historiques"[102]. L'Aga Khan utilise l'histoire pour démontrer la valeur de l'Islam ou la dépendance intellectuelle de la Renaissance européenne: c'est ce qu'il appelle lui-même les "leçons de l'Histoire". Il reste malgré tout conscient du fait que tout peut être justifié par l'Histoire. Par conséquent, la justification historique ne constitue pas en elle-même une justification déterminante.

Les sources de l'Histoire, qu'elle soit sacrée ou profane, doivent être utilisées avec prudence. L'Histoire doit être approchée avec un esprit critique. Les sources de l'Islam doivent y être soumises à l'exception du Coran. Chez l'Aga Khan, cet esprit critique est beaucoup plus aigu quand il s'agit de personnages ou de faits extérieurs au contexte

---

[101] Voir Boivin 2003.
[102] Voir Aga Khan 1918 : 292.

musulman. C'est ainsi que dans ses mémoires, il fait preuve de beaucoup d'esprit critique - mais dépourvu d'excès - à l'égard de Gandhi; alors que la description de Jinnah en est totalement dépourvue. Mais il est vrai que la représentation de celui-ci relève d'un discours mythique plutôt que d'un discours rationnel.

Le goût de l'Aga Khan pour l'Histoire apparaît dans sa passion pour les biographies. Il existe certes une tradition biographique dans l'Islam, depuis la *sîra* du Prophète prolongée par celles des *imâm*s chiites. Très tôt, les récits hagiographiques se sont développés comme un genre littéraire. Les traditions littéraires arabes et persanes ont en commun la représentation d'un héros qui stimule le dépassement de l'homme par lui-même. Ce type de héros, proche des héros de la mythologie grecque, est en réalité un surhomme puisqu'il est doté de qualités surnaturelles.

L'attachement de l'Aga Khan pour le récit biographique traduit son intérêt pour les vastes fresques qui retracent les conditions de vie d'une époque glorieuse. Edward Gibbon (1737-1794) est surnommé par l'Aga Khan "le prince des historiens"[103]. Il faut enfin citer un dernier historien important de cette période, Thomas Carlyle (1795-1881). L'oeuvre historique principale de Thomas Carlyle (1795-1881) est sans conteste *A History of French Revolution*, parue en 1837. Bien que l'ouvrage ait été critiqué à cause de son manque d'impartialité, on peut le considérer comme le récit poétique d'un grand drame historique, illustrant surtout le châtiment mérité qui s'abat sur ceux qui oppressent le pauvre. Carlyle énonce aussi l'idée que le salut doit s'accomplir par un retour aux conditions médiévales et par le gouvernement d'un homme juste et fort, qui ne peut être désigné par une élection populaire.

L'Aga Khan ne fait jamais référence à des historiens musulmans. Lorsqu'il veut dans ses mémoires utiliser un

---

[103] *idem*: 298.

évènement historique pour légitimer un point, c'est à l'Aga Khan Case et au Juge Arnould qu'il fait référence. En outre, il recommanda à plusieurs reprises d'étudier la tradition fatimide.

L'histoire vue par les premiers historiens khojas
A la fin du 19ème siècle, la défection d'une partie des Khojah vers le chiisme duodécimain produit une littérature polémique. Sachedina Nanjiani, un Khojah ismaélien devenu duodécimpain, est un des premiers Khojas à utiliser l'histoire pour essayer de résoudre le problème de l'identité religieuse des Khojas. Dans son *Khoja vratant* publié en 1892, il retrace toute l'histoire du mouvement ismaélien de 909 à 1256, en divisant cette histoire en deux périodes principales, la période fatimide et la période alamutie. Il utilise une grande variété de sources comprenant des sources arabes et persanes, ainsi que des ouvrages orientalistes. Sans doute est-il le premier historien à faire une véritable investigation sur l'origine des Khojas, ce qui est différent d'une enquête sur l'histoire des Ismaéliens. Il en conclut que les concepts et les rituels des Khojas ont été empruntés aux Mahamargis (Moir 2000 : 141). Nanjiani est le premier historien à décentrer l'histoire des Khojas vis-à-vis des Ismaéliens, et par conséquent à remettre en cause le schéma en vigueur depuis l'Aga Khan Case de 1866, qui avait été « canonisé » par la justice britannique.

Pour y répondre, un Khoja aga khaniste publie dès 1905 une histoire des Khojas, ce à quoi répondent des Khojas duodécimains. On citera par exemple l'ouvrage d'Edulji Dhanji Kaba publié en 1912 sous le titre de *Khoja komnî tavârikh*. Il est intéressant de noter qu'en 1907, Kaba avait publié un ouvrage sur Hasan bin Sabbâh. C'est également pendant cette période que Sultân Muhammad Shâh décide qu'un dogme doit être élaboré. Une vulgate des *ginân*s est préparée par Lalji Devraj et une Société littéraire ismaélienne (*Ismaili Sahitia Utejak Mandal*) est créée en 1903.

Il est difficile de savoir si l'*imâm* fut à l'origine de ces réfutations dans lesquelles le discours sur l'histoire était un enjeu déterminant. Il semble que le premier auteur à avoir été mandaté par l'*imâm* pour rédiger un ouvrage de référence sur l'histoire des Ismaéliens ait été Muhammad b. Zayn al-`Abidîn Dîzâbâdî, surnommé Fidâ'î Khurâsânî (1850-1923). Comme sa *nisbah* l'indique, il était originaire de Dizbad, une localité située dans le Khorasan iranien. La dernière partie de l'ouvrage est consacrée aux Aga Khans et elle aurait été ajoutée par un certain Mûsâ Khân Khurâsânî (m. 1937). Ce n'est pas un hasard si le premier ouvrage véritablement historique a été composé par un auteur de langue persane. Le persan était en effet la langue maternelle de Sultân Muhammad Shâh. Des copies manuscrites de l'ouvrage ont été préservées par des Ismaéliens du Badakhshan, au Tadjikistan et en Afghanistan. Il faudra cependant attendre 1959 pour que l'ouvrage soit publié en persan par l'orientaliste russe Aleksander Semenov, avec une introduction en russe. Il sera réédité à Téhéran en 1983 sans l'introduction en russe (Daftary 2004 : 112). Cet ouvrage resta hors de portée des Ismaéliens d'Asie du sud, à cause de leur ignorance du persan. Notons que dans le titre aucun terme ne fait référence à l'histoire : *Kitâb-i hidâyat al-Mu'nimîn al-tâlibân*, c'est-à-dire le *Livre pour guider les croyants et les étudiants en religion*.

L'usage du persan limitait *de facto* la diffusion du *Kitâb-e hidâyat*. Alors qu'au début du 20ème siècle les conversions de Khojas au chiisme duodécimain se multiplient, les nouvelles institutions ismaéliennes ressentent la nécessité urgente de produire une vulgate de leur histoire dans laquelle l'histoire des Khojas ne serait que le dernier épisode de l'histoire des Ismaéliens, sur le même schéma utilisé par le juge Arnould en 1866. En 1916, le récemment créé Ismaili Sahitiya Utejak Mandal confia le soin de rédiger la compilation d'une histoire des Ismaéliens à `Alî Muhammad Jan Muhammad Chunara (1881-1966). Il était né à Bhuj, la capitale du Kutch. Il avait été le secrétaire de Sultân Muhammad Shâh en 1904. Peut-être eut-il l'occasion de rencontrer Fidâ'î Khurâsânî.

Deux ans plus tard, en 1918, Chunara publiait *Fatimi Khilafat ane Imamo'ni Badshahi'ma Ismaili'ni Jahojalali* (*Le califat fatimide et la Gloire des Ismaéliens pendant la souveraineté de l'imâm*). Cette publication répondait à l'injonction de Sultân Muhammad Shâh d'étudier la période fatimide de l'histoire des Ismaéliens. Par la suite, il devait publier d'autres ouvrages, toujours en gujarâtî, sur différents épisodes de l'histoire des Ismaéliens, dont un sur Alamut (*Alamut no yodho*, Bombay, 1924). En 1933, il faut noter la création de l'Islamic Research Association à Bombay. A.A.A. Fyzee en était le secrétaire et plusieurs orientalistes européens en furent membre, dont Louis Massignon, H.A.R.Gibb et R.A. Nicholson. Wladimir Ivanow (1886-1970) réalisera un grand nombre de publications au sein de cette association. L'année même de sa création, en 1933, Ivanow publiait son *Guide to Ismaili Literature* à la Royal Asiatic Society de Londres.

En 1922, un certain Rai A.M. Sadruddin (1906-1980) aurait présenté à l'*imâm* une biographie des *imâm*s rédigée en ourdou sous le nom de *Shajra*. L'*imâm* ordonna qu'elle fût éditée à ses frais mais, pour des raisons obscures, le projet fut repris par Chunara (Sadikali 2003 : 101). Ce n'est qu'après huit ans de travail acharné, entouré d'une équipe de savants dont certains connaissaient l'arabe, que l'ouvrage devait voir le jour sous le nom de *Nûrûm Mubîn athva Allâhnî pavîtra rasî*, ou *La Lumière évidente ou la Corde Sacrée de Dieu*. Il fut publié en janvier 1936 à Bombay, soit au moment, et ce n'est pas un hasard, où Sultân Muhammad Shâh célébrait le jubilée d'or de son imâmat (50 ans). La version gujarâtî sera rééditée en 1950, 1951 et 1961. Une traduction ourdou verra le jour, également à Bombay, dès 1937[104]. Sultân Muhammad

---

[104] C'est la date donnée par Farhad Datary (Daftary 2004 : 241). Mumtaz Sadikali donne pour sa part la date de 1940 (Sadikali 2003 : 101).

Shâh recommanda à deux reprises de l'étudier, et je peux témoigner que l'ouvrage se trouve encore dans un grand nombre de foyers ismaéliens. Le numéro spécial publié par la revue *Ismaili* en 1935, à l'occasion du jubilée d'or, témoigne de l'intérêt que l'*imâm* apporta à l'ouvrage. Des photographies en couleur le représentent en train de discuter avec Chunara à l'Ismaili Printing Press de Bombay, alors que l'ouvrage est en préparation.

Le titre de l'ouvrage indique que c'est encore l'imâmat qui est prioritairement étudié. L'imâmat est en effet le cœur de l'ismaélisme et on ne peut pas encore envisager de centrer un ouvrage sur la communauté ismaélienne. L'auteur a choisi une formule coranique en arabe pour désigner l'imâmat: *Nûr al-mubîn*, la *Lumière éclatante*. Elle apparaît dans le verset suivant : « Hommes ! Une preuve (*burhân*) vous est venue de votre Seigneur, et Nous avons fait descendre vers vous une Lumière éclatante » (IV/174, tr. R. Blachère). Ce verset est un des versets qui, pour les Chiites de toute obédience, est une preuve irréfragable de l'existence de l'imâmat : la lumière en est le symbole. Cette idée avait été développée à plusieurs reprises par Sultân Muhammad Shâh (Boivin, 2003 : 196-7). Au cours de la première moitié du 20ème siècle, le concept du *nûr* devait devenir le concept central de l'ismaélisme rénové de l'Aga Khan (Boivin 2003 : 315-8).

L'ouvrage de Chunara est divisé en 7 parties. Le plan est basé sur les différentes implantations géographiques de l'imâmat qui recouvre des phases historiques: l'imâmat en Arabie, l'imâmat à Alamût, l'imâmat en Iran etc. L'auteur tient compte non pas des Ismaéliens, mais du siège de l'imâmat. Son récit part de l'*imâm* `Alî et s'arrête à l'*imâm* Sultân Muhammad Shâh. Le récit atteint un certain équilibre entre les évènements historiques et la narration des légendes miraculeuses attribuées aux *pîr*s et aux *imâm*s. Parmi les sources primaires, Chunara utilise surtout des sources en persan. Parmi les sources secondaires, Chunara utilise les travaux des orientalistes comme E.G. Brown, mais également ceux de Sir John Malcolm, Ivanow, Lean Paul, ou O' Leary. Pour la période de Sultân Muhammad Shâh, l'auteur utilise surtout les journaux britanniques publiés en Europe.

Une des innovations de l'ouvrage de Chunara provient de l'utilisation d'une iconographie en couleur. On peut la répartir en trois catégories : 1. les représentations imaginaires, comme les portraits d'*imâms* et de *pîrs* mais également des sites comme Bam, 2. des photos originales des *imâms* contemporains et de leurs familles, des notables ismaéliens en compagnie des *imâms*, et 3. des photographies de sites comme une photo de la *jamâ`atkhâna* de Salamiya en Syrie. L'auteur fait encore usage de tableaux généalogiques. L'ensemble est par conséquent attrayant, et il est évident que cette publication s'adresse à l'ensemble de la communauté des Khojas.

Bien que le gujarâtî soit devenu la *lingua franca* des Khojas et des Ismaéliens[105], un Khoja sindhi décida de publier une « histoire de l'imâmat » dans sa langue maternelle, le sindhî. L'ouvrage publié par Sher`alî `Alîdînâ (m. 2005) en 1952 témoigne d'une période de transition dans le processus d'écriture de l'histoire au sein des Ismaéliens. Notons d'emblée sa portée limitée due au fait qu'il fut publié en sindhî. Sher`alî `Alîdînâ était issu d'une famille de Khojas sindhîs originaire de Talhar dans le delta de l'Indus. Il fit ses études à Aligarh, où il envisageait de faire une thèse sur Pîr Sadr al-Dîn. Mais c'est finalement vers la carrière d'avocat qu'il s'orienta. Il occupa divers postes de responsabilités dans les institutions ismaéliennes de Karachi.

Pour la première fois, un Khoja indiquait que les *imâm* tenaient leur autorité religieuse et leur charisme du prophète de l'Islam Muhammad. Pour la première fois, une dizaine de pages était consacrée au prophète lui même. Le plan de

---

[105] Les Khojas étaient majoritairement des locuteurs du gujarâtî, et secondairement du sindhî et du panjâbî. Les autres disciples de l'Aga Khan sont arabophones (Syrie, Yémen), persanophones (Iran, Afghanistan, Tadjikistan) ou turcophones (Chine).

l'ouvrage est assez singulier puisqu'il est divisé en deux parties à peu près égales. La première partie est consacrée à la relation biographique, alors que dans la seconde, sobrement intitulée "supplément" (*samîmo*), l'auteur revient sur certains aspects de la vie des personnages principaux. Pour le prophète, le récit biographique domine dans la première partie sur une dizaine de pages. Son enfance est retracée, puis son mariage avec Bîbî Khadîja. Le reste de sa biographie est divisé en trois périodes: la prédication de la vérité, le prophète à Médine et la victoire de l'islam. Suit un paragraphe sur la désignation de `Alî comme son successeur. Enfin, des qualités sont énumérées pour montrer la "grandeur du prophète" (*nabî sâheb jo shân*) (`Alîdînâ 1952 : 8). Dans la seconde partie de l'ouvrage, l'auteur revient sur certains aspects de la vie du prophète: ses femmes et ses enfants, l'exode et la vie à Médine. Cette fois, le récit est renforcé par des citations coraniques qui sont données en arabe et traduites en sindhî.

La suite de l'ouvrage se répartit chronologiquement: l'imâmat au Proche-Orient, l'imâmat en Afrique, l'imâmat en Iran et l'imâmat en Inde. Une large place est accordée à l'*imâm* `Alî. Comme pour le prophète, l'auteur relate son enfance, son mariage, puis les trois principales batailles qu'il a dû livrer. Un arbre généalogique indique que le prophète et `Alî étaient les petits-fils de `Abd al-Muttalib (`Alîdînâ 1952 : 12). C'est pendant la période africaine de l'imâmat que l'auteur situe la première phase d'expansion de l'ismaélisme en Inde. Ce serait l'*imâm* Shâh Mustansir bi'llâh II qui aurait envoyé un missionnaire dans le sous-continent indien, Nûr al-Dîn Shâh, plus connu sous le nom de Satgûr Nûr.

Les citations coraniques restent cependant relativement rares. Elles sont parfois inexactes et toujours tronquées. C'est le cas d'un extrait du verset 3 de la sourate V qui est donné comme étant le verset 4. Le choix réalisé par `Alîdînâ est clair: les extraits choisis cherchent à convaincre les Khoja que l'islam est la meilleure religion. C'est ce qu'affirme l'extrait mentionné plus haut: "Aujourd'hui, j'ai rendu votre Religion parfaite; J'ai parachevé ma grâce sur vous; J'agrée l'islam comme étant votre Religion". L'auteur cite un passage de Shâh `Abd al-Lâtif quand il décrit la bataille de Karbala (`Alîdînâ 1952 : 247). Pour le reste, la deuxième partie du livre est essentiellement consacrée à l'*imâm* du Temps. De nombreux *farmân* sont reproduits. Ils mettent en valeur la modernité de l'*imâm* qui s'est mis au service des grandes causes de l'islam.

L'ECRITURE DE L'HISTOIRE COMME INTÉGRATION À L'*OUMMAH*

La première Histoire des Ismaéliens

Le milieu du 20ème siècle vit des bouleversements dont les conséquences ne finissent pas de se produire. La création du Pakistan et de l'Inde séparait la communauté khoja en deux parties distinctes. Au Pakistan, les néo-fondamentalistes réclamèrent très rapidement la création d'un véritable Etat islamique basé sur la *charia*. En 1953, ils demandèrent l'exclusion des Ahmadîs de l'*oummah*. Sur le plan intérieur, Shâh Karîm, le nouvel *imâm*, succéda à son grand-père Sultân Muhammad Shâh en 1957. Agé de 21 ans, il était le premier *imâm* à ne pas être né en Asie et il avait une formation occidentale. En 1969, Shâh Karîm avait réuni des représentants d'Afrique orientale, du Pakistan et de l'Inde pour discuter de l'éducation religieuse, de la foi ismaélienne, mais également de la relation avec les autres Musulmans. Il fut décidé de réunir une conférence internationale des leaders Ismaéliens disciples de l'Aga Khan. Elle eut lieu à Paris du 1er au 5 avril 1975. Parmi les décisions qui furent prises se trouve la création d'un organisme de recherche chargé de rénover le contenu de l'éducation ismaélienne : l'Institute of Ismaili Studies sera créé à Londres en 1977.

Le *Nûr al-Mubîn* rédigé par Chunara à l'occasion du premier jubilée de Sultân Muhammad Shâh (1936) fut également déclaré caduc. Cet ouvrage était largement basé sur les récits de miracles attribués aux *imâm* et il était entaché d'erreurs historiques et géographiques. Pour le remplacer, l'Ismailia Association du Pakistan demanda à un groupe d'enseignants du centre d'éducation religieuse d'écrire un nouvel ouvrage: Shaykh `Alî Dîdâr, Muhammad Iqbal et Zawahir Moir. Zawahir Moir avait été une des représentantes du Pakistan lors de la Conférence de Paris en 1975. Elle était titulaire d'une M.A. en histoire de l'université de Londres. Le nouveau manuel, intitulé *Târîkh â`imâ îsmâ`îliyyâh*, fut publié en quatre volumes de 1978 à 1983 à Karachi. On passait d'une conception hagiographique de l'histoire à une conception historiciste.

L'emploi de l'ourdou indiquait que l'ouvrage s'adressait essentiellement aux Khojas du Pakistan, ainsi qu'aux autres Ismaéliens du pays. Les sources utilisées se répartissent en 7 sources en persan, 4 en arabe, 10 en ourdou et 73 en anglais. Curieusement, les sources en gujarâtî ne faisaient pas l'objet d'une catégorie séparée, et elles étaient incorporées dans les sources britanniques. C'est le cas pour Jaffer Rahimtoola, Sachedina Nanjiani, Chunara, Devraj et de quelques autres. Sans doute l'explication se trouve-t-elle dans le fait qu'elles étaient peu nombreuses. Parmi les sources anglaises, on trouve les principaux ouvrages produits par les orientalistes dont Hammer Purgstall en traduction anglaise (1835). Chaque volume correspond à une période de l'histoire. Le premier volume est consacré aux débuts de l'islam, le second à la période fatimide, le troisième à la période qui va de l'*imâm* Hâdî, le fils de Nizâr, à l'*imâm* Shâh Khalîl Allâh, le père de Hasan `Alî Shâh, et le dernier de Hasan `Alî Shâh à Shâh Karîm. Chaque chapitre se termine par des notes explicatives, le plus souvent des références bibliographiques.

Ces manuels à vocation pédagogique sont encore centrés sur l'imâmat et les *imâm*s mais on observe cependant un effort important de contextualisation historique. Elle apparaît par exemple avec des tableaux généalogiques des dynasties qui dominaient pendant cette période (Les Seldjoukides p. 19, Gengis Khan p. 100). On trouve également des cartes plus ou moins précises. Les tableaux généalogiques des *imâm*s subsistent enfin : l'*imâm* Shams al-Dîn (p. 109), dont la succession provoqua le schisme entre Mu'minshâhites et Qâsimshâhites. Aucune tentative de datation n'apparaît. On trouve également le lignage (*khândan*) de Pîr Shams (p. 132). Celui de Pîr Hasan Kabîr al-Dîn (p. 163) indique qu'il eut une nombreuse progéniture, dont un certain Shâhbâz Ghâzî, qui n'est autre que La'l Shahbâz Qalandar. Le plus remarquable dans cette publication est sans aucun doute l'équilibre atteint entre la vie des *imâm*s et le contexte proche-oriental, et le développement de la communauté dans le sous-continent indien. Le dernier volume est consacré à la période contemporaine. Ici également, aucune source gujarâtî n'est mentionnée. C'est d'autant plus difficile à comprendre qu'une source sindhî l'est : il s'agit de l'ouvrage de Sher'alî 'Alîdînâ publié en 1952.

Bien que la *doxa* soit aujourd'hui une production centralisée, et par conséquent sous contrôle, il subsiste quelques initiatives en matière historique qui se produisent en dehors du cadre institutionnel. Le principal représentant de cette tendance est Mumtaz Ali Tajddin Sadikali, un historiographe titulaire d'un M.A. en histoire de l'université de Karachi. Il publie des ouvrages grâce au soutien financier de Khojas opulents. Ces deux derniers ouvrages ont été financés par Sadruddin Hashwani, qui est à la tête d'une des plus grandes fortunes du Pakistan. Quelle est l'écriture mise en œuvre par Mumtaz Sadikali ? Quelle est sa signification, que donne-t-elle à voir de la communauté des Ismaéliens dans le Pakistan d'aujourd'hui ?

Le plan de l'ouvrage de Sadikali se répartit en huit chapitres : la période arabe, la période syrienne, la période nord-africaine et égyptienne, la période alamûtie, la période post-alamûtie, et la période des Agha Khans. Les deux périodes qui sont les plus longuement traitées sont la troisième (157 p.) et la quatrième (144 p.). Sadikali utilise une grande diversité de sources. Il n'indique pas toujours les références précises, ce qui fait qu'il n'est pas toujours possible de corroborer ses thèses ni ses analyses. Il est vrai que l'intérêt principal de la publication est de refléter partiellement les traditions orales de différents groupes de Khojas. Cela lui permet d'ajouter de nouvelles anecdotes relatives aux *pîr*s surtout, à celles qu'il a puisées dans le *Nûrum Mubîn*.

Il est significatif qu'un des premiers opuscules publiés par Sadikali s'intitule *The Genealogy of the Agha Khans*. Il est difficile de savoir quel est le succès des ouvrages de Mumtaz Sadikali. A côté de ses publications en anglais qui poursuivent des objectifs synthétiques, on observe la recrudescence au Pakistan de la publication d'histoire de communautés locales. En 1994 Shahâb al-Dîn Gwâdarî publie en ourdou une histoire des Khojas de Gwâdar, une ville portuaire située près de l'Iran. Plus récemment, en 2003, Khwâjâ Bakhsh `Alî Shâd publie en sindhî une histoire des Khojas de Shahbandar, une bourgade située dans le delta de l'Indus.

L'Institute of Ismaili Studies et la production d'une vulgate

Malgré le développement des travaux historiques depuis le début du 20ème siècle, il manquait encore un ouvrage de référence écrit par un spécialiste qui s'inscrive dans les règles de la recherche historique orientaliste. Il est intéressant de relever que cette tâche ne sera pas confiée à un Khoja, ni même à un Ismaélien. Cet ouvrage verra finalement le jour avec la publication en 1990 du classique *The History of the Ismailis* par Farhad Daftary. Il sera rapidement traduit en de nombreuses langues. Puis une version abrégée sera publiée en 1998 sous le titre de *A Short History of the Ismailis*, qui sera elle-même traduite en français. En revanche, aucune histoire des Khojas n'a été publiée jusqu'à aujourd'hui par des institutions ismaéliennes de l'Agha Khan. Il est clair que cet objectif n'entre pas dans la politique actuelle de l'*imâm*.

Farhad Daftary signale la difficulté de la périodisation en ce qui concerne l'ismaélisme mais sur la base de l'association de considérations chronologiques, doctrinales, géographiques, littéraires et ethnologiques, il distingue finalement cinq phases, à savoir 1- l'ismaélisme primitif, 2- l'ismaélisme fatimide, 3- l'ismaélisme musta'lite, 4- l'ismaélisme nizârite alamûti et 5- l'ismaélisme nizârite post-alamûti, cette dernière se subdivisant en période post-alamûti primitive, anjudâni et moderne. Dans l'article qu'il avait publié en 1971, l'auteur avait alors adopté la périodisation de W. Ivanow, à savoir 1- l'ismaélisme primitif, 2- l'ismaélisme fatimide, 3- l'ismaélisme alamûti, 4- l'ismaélisme anjudâni et 5- l'ismaélisme moderne[106]. On constate qu'un réajustement a été opéré en faveur de la tradition post-fatimide, et de ce fait, chacune des deux grandes traditions est représentée par le même nombre de chapitres.

Quels critères doivent être prédominants dans la périodisation de l'ismaélisme? Il est vrai que la question est complexe mais il apparaît qu'Ivanow et Daftary retiennent prioritairement des critères doctrinaux: on considère qu'une nouvelle phase apparaît lorsqu'une rupture ou une modification importante de la doctrine se produit. De ce point de vue, il est évident que la tradition alamûtie est plus diversifiée d'autant plus qu'à ces critères de continuité et de discontinuité s'ajoute la question des traditions locales, qui, si leur disparité s'amenuise depuis l'imâmat du troisième Aga Khan, ont longtemps fonctionné comme des entités autonomes. C'est pourquoi si Daftary présente une répartition égale des chapitres entre tradition fatimide et nizârite, il ne consacre que 180 pages à la première, contre 230 à la

---

[106] Voir Daftary 2007.

seconde.

Enfin, la dernière partie du livre traite de la période moderne, qui commence avec l'installation de Hasan 'Alî Shâh à Bombay vers 1845. Cette partie, s'il est vrai qu'elle n'explore finalement qu'un siècle et demi, est plutôt brève (35 pages). Pourtant, les sources historiques abondent et cette période est riche d'événements politiques, religieux et autres. C'est là sans doute que le choix des informations est le plus discutable, sur des événements mineurs il est vrai. Alors que pour l'ismaélisme pré-moderne, l'auteur est toujours soucieux de présenter toutes les versions connues d'un événement, il a parfois tendance à privilégier les informations favorables aux Aga Khans.

L'apport des universitaires khojas à l'écriture de l'histoire

Avec la création de l'IIS en 1977, l'écriture de l'histoire chez les Khojas était théoriquement déjà sortie du domaine strictement communautaire. C'est maintenant à des universitaires que revient cette tâche. Le premier directeur est Aziz Esmail, un Khoja d'Afrique orientale qui possède un doctorat de l'université d'Edinburgh. En 1972, un Khoja originaire d'Afrique orientale soutenait à McGill University à Montréal (Canada) une thèse sur la tradition des Ismaéliens du sous-continent indo-pakistanais (Nanji 1978). Azim Nanji avait participé à la Conférence de Paris en 1975 en tant que représentant du Canada.

Malgré son titre, la majorité de la thèse de Nanji est consacrée à l'histoire de ces Ismaéliens. La première partie intitulée « Histoire » est longue de 63 pages, alors que la seconde et dernière, intitulée « Tradition », ne fait que 37 pages. Ce n'était pas le premier ouvrage universitaire consacré aux Khojas d'Asie du sud. Mujtaba Ali soutient une thèse sur l'origine des Khojas et leur vie qui sera publiée en 1936 en Allemagne. En 1953, John Norman Hollister avait abordé également l'histoire des Khojas dans sa thèse sur le chiisme en Inde (soutenue en 1946). Par la suite, une thèse de M.A. fut soutenue en 1958 à Chicago par Hamshad Rahim. Le travail de Nanji était pourtant le premier qui cherchait à embrasser l'ismaélisme d'Asie du sud comme un phénomène global et autonome. La périodisation de l'histoire de l'ismaélisme du sous-continent indien est la suivante : 1. l'ismaélisme pré-nizârite, 2. l'émergence qui correspond à l'époque de Pîr Satgur Nûr et de Pîr Shams, 3. la consolidation sous Pîr Sadruddin, 4. le schisme d'Imâm Shâh et ses conséquences.

La thèse de Nanji reste encore centrée sur les grands prédicateurs et leurs missions. Pir Satgur Nûr, Pîr Shams et Pîr Sadruddin conservent le rôle déterminant dans l'histoire des Khojas que leur attribuait déjà la tradition. Dans son étude historique, Nanji attache un soin particulier à mettre en valeur deux facteurs : la contextualisation religieuse et les relations avec les *imâm*s alors établis en Iran. Il explique l'évolution historique des Khojas en fonction de l'interaction jamais démentie avec les mouvements religieux hindous comme la bhaktî. Mais parallèlement, Nanji a tendance à vouloir démontrer et établir définitivement que les Khojas n'ont jamais rompu leurs liens avec les *imâm*s de Perse. On observe également que la partie contemporaine, qui s'ouvre avec l'arrivée de Hasan `Alî Shâh en Inde, est des plus brèves.

La périodisation qu'il adopte permet à Nanji de se démarquer de l'histoire de l'ismaélisme « arabo-centré » ou « persano-centrée ». Il est vrai que les grandes phases du prosélytisme ismaélien en Inde peuvent avoir été consécutives à des évènements survenus en Perse. Pour la première phase dite d'émergence, une datation précise reste impossible. Trois évènements fondamentaux sont cependant survenus à cette époque : 1. 1094, le schisme nizârite, 2. 1164, la proclamation de la Grande résurrection, 3. la chute d'Alamût en 1254. La phase de consolidation peut quant à elle être mise en rapport avec la scission entre

Mu'minshâhites et Qâsimshâhites au début du 13ème siècle. En revanche, il semble bien que le schisme d'Imâm Shâh soit né dans le sous-continent, et que ce soit l'*imâm* qui ait réagi en promulguant les *Pandiyât-i Javânmardî* au rang de *pîr*.

Les périodisations adoptées par Daftary et Nanji vont être critiquées avec virulence par Tazim Kassam. Cette universitaire khoja originaire d'Afrique orientale publia en 1995 sa thèse de doctorat, soutenue auparavant à McGill University, sur les « chants de sagesse » du saint ismaélien Pîr Shams. Elle consacrait 142 pages à une introduction qui n'était autre qu'une relecture critique des schémas historiques utilisés avant elle pour la lecture de l'histoire des Khojas et des Ismaéliens. Elle utilisait un tableau comparatif pour mettre en exergue l'inconsistance des schémas utilisés par Ivanow, Nanji, Madelung et Daftary (Kassam 1995: 16).

Son principal grief était que ce qu'elle dénommait l'ismaélisme satpanth, c'est-à-dire la tradition khoja, n'avait aucune existence en tant que tel et que, sachant que cette phase constituait la plus longue séquence historique, elle était largement sous étudiée. Il n'existait que comme rejeton de la tradition fatimide et nizârite de l'ismaélisme, soit des traditions des aires centrales de l'islam constituées par le monde arabe et le monde persan. L'identité indienne de l'ismaélisme était par conséquent niée. Ce faisant, Tazim Kassam remettait en cause la doxa publiée par l'IIS. Elle considérait qu'expliquer l'émergence de l'ismaélisme satpanth dans la continuité d'Alamût n'était pas pertinent sur le plan historique. Pour elle, les facteurs régionaux, en particulier l'histoire du Sindh, avaient été des facteurs aussi déterminants, si ce n'est plus déterminants, que l'histoire d'Alamût. Elle accordait en particulier un rôle déterminant à la période somra dans le processus d'indigénisation de l'ismaélisme (Kassam 1995 : 120).

Cette lecture critique de Tazim Kassam indiquait que les anciens questionnements relatifs à l'identité des Khojas n'étaient pas totalement résolus L'auteur posait à nouveaux des questions telles que : les Khojas étaient-ils avant tout des Musulmans de tradition arabo-persane ? Ou bien étaient-ils d'abord des Indiens, et ensuite des Musulmans ? Etait-ce l'identité islamique qui primait ou bien une identité indienne ? Son approche quelque peu iconoclaste peut être illustrée par la question qu'elle pose au début de la conclusion de son introduction : pourquoi le chef spirituel d'une secte chiite considère-t-il que les *ginân*s constituent une merveilleuse tradition (Kassam 1995: 117)?

Quelle est la part de l'histoire dans les travaux universitaires des Khojas ismaéliens aujourd'hui ? La partie de la récente bibliographie publiée par Farhad Daftary indique qu'une part infime est consacrée à l'histoire des Khojas. Depuis la thèse de Nanji soutenue en 1972, aucune thèse n'a été consacrée à l'histoire des Khojas, et moins encore à l'histoire des 19ème et 20ème siècles. Cette remarque est confirmée par la seule présence du livre de Nanji dans les ouvrages recommandés par l'IIS. En revanche, on trouve un nombre important de travaux consacrés à la période fatimide et alamûtie, souvent sous la forme d'études de penseurs comme Kirmani, Sejestani et Nasir-i Khusraw. Il n'est pas exclu que les bourses proposées via l'IIS pose cette condition comme préalable. Shafiq Virani a fait une M.A sur Sayyid Nûr Muhammad, le fils d'Imâm Shâh, mais il a consacré sa Ph. D. à l'ismaélisme nizârite d'Iran entre la chute d'Alamût et l'avènement des Safavides. Il est également significatif que l'autre thèse consacrée à un *pîr*, en l'occurrence Pîr Satgur Nûr, a été soutenue à Rutherford University en 2001. Enfin, les Khojas de la diaspora nord-américaine contribuent eux aussi à l'écriture de l'histoire à travers des sites internet.

CONCLUSION

L'arrivée de Hasan ʿAlî Shâh, le premier Aga Khan, dans le sous-continent indien pose la question de l'identité des

Khojas. Une partie des Khojas rejette l'autorité spirituelle et matérielle de l'Agha Khan. Au tournant du 20ème siècle, la cristallisation des identités communautaires en Inde renforce cette quête qui revêt la forme de la quête des origines. Les arguments traditionnels de type *silsila* ou *shajara* vont être peu à peu remplacés par l'écriture d'une histoire : on voit apparaître le terme *itihâs* dans les titres d'ouvrages alors rédigés en gujarâtî. Des ouvrages consacrés aux Fatimides et à Alamût apparaissent dès le début du 20ème siècle. Cette histoire reste cependant axée sur l'histoire des *imâms*. Elle utilise très tôt trois types de sources : les sources communautaires, les sources vernaculaires et des sources occidentales, le plus souvent orientalistes.

L'intérêt de Sultân Muhammad Shâh pour l'histoire apparaît dans les discours qu'il prononce en 1902 et 1904 à Delhi et Bombay. Les personnages historiques des débuts de l'Islam – de la période de l'Age d'Or, fournissent des modèles qui doivent prouver que la civilisation islamique a jadis été une civilisation puissante et florissante. Parallèlement, il cherche à apporter une réponse à la recherche identitaire des Khojas en enracinant leur tradition, le Satpanth, dans la tradition fatimide et alamûtie. Les Khojas agha khanis utilisent cette argumentation pour répondre aux pamphlets des Khojas qui ont fait sécession. La production historique doit alors permettre d'unifier tous les disciples de l'Agha Khan autour de sa Lumière, de son *nûr*, c'est-à-dire autour du principe même de l'imâmat. Le titre choisi par Chunara est à cet égard explicite : *Nûr al-Mubîn*, ou La Lumière éclatante. En ce qui concerne l'écriture de l'histoire, on observe que les critères scientifiques ne sont pas prévalents. En effet, l'ouvrage est encore dominé par des récits des miracles accomplis par les *imâm*s, les erreurs historiques et géographiques. Malgré des imperfections, l'ouvrage répond totalement aux attentes des Ismaéliens de cette époque et son succès ne se démentira pas jusque dans les années 1960.

Après la partition, l'écriture de l'histoire chez les Khojas subira une triple inflexion : la persistance de l'écriture d'une histoire régionale, la centralisation de l'écriture institutionnelle de l'histoire et l'apport des universitaires khojas. L'écriture régionale se subdivise en deux catégories. On a d'une part des ouvrages publiés en anglais, ce qui signifie qu'il vise les Ismaéliens à travers le monde, voire les spécialistes. Mumtaz Ali Tajdin Sadik Ali est un auteur prolifique qui ne travaille pour aucune institution. Ses publications sont financées par des mécènes khojas pakistanais. L'autre catégorie concerne des histories locales. Des érudits publient une histoire de la communauté attachée à une ville particulière. La perspective est plus ou moins restreinte : si l'ourdou est utilisé, on vise les Ismaéliens du Pakistan. Si c'est le sindhî, on vise les Ismaéliens sindhis. Il est très difficile d'évaluer l'impact de cette histoire qui reste axée sur le factuel. Enfin, il peut paraître paradoxal que la contribution des Khojas universitaires n'ait pas infléchi l'écriture de l'histoire en la recentrant sur l'ismaélisme khoja, le Satpanth. Malgré quelques thèses dont celles de Nanji, les historiens khojas sont restés et restent encore concentrés sur les deux périodes de référence : la période fatimide et la période alamûtie.

BIBLIOGRAPHIE

Aga Khan (1918), *India in Transition. A Study in Political Evolution*, Bennett, Coleman & Co Ltd, Bombay and Calcutta.

Aziz, Abualy A. (1974), *A Brief History of Ismailism*, Dar-es-Salam, Cut Press.

`Alîdîna, Sher`alî (1952), *Târikh imâmat*, Karachi, Ismaili Association for Pakistan.

Arnould, Joseph (1867), *Judgement by the Hon'able Sir Joseph Arnould in the Khoja Case, otherwise known as the Agha Khan Case*, Bombay, Steam Press.

Asani, Ali (2001), "The Khojahs of South Asia: Defining a Space of their Own", *Cultural Dynamics* 13 (2), pp. 155-168.

Boivin, Michel (1998), *Les Ismaéliens: des communautés d'Asie du sud entre islamisation et indianisation*, Maredsous (Belgique), Editions Brepols.

Boivin, Michel (2003), *La rénovation du shî`isme ismaélien en Inde et au Pakistan – d'après les écrits et les discours de Sultân Muhammad Shâh Aghâ Khân (1902-1954)*, Londres, RoutledgeCurzon.

Chunâra, `Alî Muhammad Jân Muhammad (s.d.), *Arebiyâ ane imamat*, Bombay, Sahitia Utejak Mandal.

Chunâra, `Alî Muhammad Jân Muhammad (1918), *Fâtamî khilâfat*, Bombay, Sahitia Utejak Mandal.

Chunâra, `Alî Muhammad Jân Muhammad (1924), *Alamoto yodho*, Bombay, Sahitia Utejak Mandal.

Chunâra, `Alî Muhammad Jân Muhammad (1935), *Nûrûm Mobîn athva Allâhnî pavîtra rasî*, Bombay, Ismailia Association for India ; trad. ourdou (1937) *Nûr-i Mubîn habl Allâh al-matîn*, Bombay, Ismailia Association for India.

Daftary, Farhad (2007), *The Ismâ`îlîs: Their History and doctrines*, Cambridge, Cambridge University Press (1 st ed. 1990).

Daftary, Farhad (ed.) (1996), *Mediaeval Isma`ili History and Thought*, Cambridge, Cambridge University Press.

Daftary, Farhad (1998), *A Short History of the Ismailis: Traditions of a Muslim Community*, Edinburgh, Edinburgh University Press: tr. fr. Zarien Rajan-Badouraly (2003), *Les ismaéliens. Histoire et traditions d'une communauté musulmane*, préface de Mohammad Ali Amir-Moezzi, Paris, Fayard.

Daftary, Farhad (2004), *Ismaili Literature. A Bibliography of Sources and Studies*, London, New York, I.B. Tauris in association with the Institute of Ismaili Studies.

Dîdâr `Alî, Shaykh, Muhammad Iqbâl & Zawâhir Moir (1978-1983), *Târ ☺kh â'imâ îsmâ`îliyyâh*, Karachi, Ismailia Association for Pakistan, 4 vols.

Esmail Aziz, Nanji Azim (1977), "The Ismâ`îlis in History", in S.H. Nasr (ed.), *Ismâ`îlî Contributions to Islamic Culture*, Tehran, Imperial Iranian Academy of Philosophy, pp. 225-265.

Fidâ'î Khurâsânî (1959), *Kitâb-i hidâyat al-mu'minîn al-tâlibîn*, ed. Aleksander A. Semenov, Moscou, Akademiya Nauk SSSR ; réimprimé, Téhéran, 1983.

Frere, H. Bartle E., 1876, "The Khojas: The Disciples of the Old Man of the Mountain", *Macmillan's Magazine*, 34, pp. 342-350, 430-438.

Goolamali, Karim (1932), *An Appeal (Containing « A Voice from India », « Northcote Memorial » etc.) to Mr. Ali Solomon Khan son of H.H. The Agha Khan*, Karachi, Universal Printing House.

Goolamali, Karim (1937), *An Open Letter to H.E. Sir Lancelot Graham, Governor of Sindh*, Karachi, Keshavlal M. Jani.

Gwâdarî, Shahâb al-Dîn (1994), *Gawhar-e Gwâdar*, Karachi.

Hamdânî, `Abbas (1956), *The beginnings of Ismâ`îlî da`wa in Norther Indian*, Cairo, Sirovic.

Hamdânî, `Abbas (1962), *The Fatimids*, Karachi, Ismailia Association of Pakistan.

Hâshim Lâlû, Khwâjah Muhammad Hâshim La`l Muhammad alias (1928), *Silsila imâmat*, Bombay.

Hunzâ'î, Nasîr al-Dîn "Nasîr" (1957), *Silsilah-yi nûr-i imâmat*, Karachi, Khânah-i `Ârif.

Hollister, J.N.S. (1953), *The Shi'a of India*, Delhi, Oriental Books Reprint Corporation [1979].

Howard, E.I. (1866), *The Shia School of Islam and its branches especially that of the Imamee-Ismailies*, Bombay, Oriental Press.

Kaba, Edulji Dhanji (1907), *Hasan bin Sabbâh*, Amreli, auteur.

Kaba, Edulji Dhanji (1912), *Khojâ komni tavârikh*, Amreli, auteur.

Khoja, Khaki (s.d.), *Gupt panth kâ shajara*, Bombay, auteur.

Kassam, Tazim (1995), *Songs of Wisdom and Circles of Dance. Hymns of the Satpanth Ismâ`îlî Muslim saint, Pir Shams*, Albany, State University of New York Press.

Masqatî, Jawâd al- (1950a), *Qazi Noaman's Code of Conduct for the Followers of Imam*, translated by, Karachi, Ismailia Association of Pakistan.

Masqatî, Jawâd al- & Moulvi, Khan Bahadur A.M. (1950b), *Life and lectures of the Grand Missionary al-Mu'ayyad fî'd Dîn al-Shirâzî*, Karachi, The Ismaili Association of Pakistan.

Masqatî, Jawâd al- (1953), *Hasan bin Sabbah*, tr. into Eglish by Abbas Hamdani, Karachi, Ismailia Association for Pakistan (2ème éd.); traduction ourdou *Hasan bin Sabbâh*, tr. Jûn Iliya, Karachi, Ismailia Asosciation for Paksitan, 1983.

Meherally, Akbarally (1991), *A History of the Aghakhani Ismailis*, Burnaby, A.M.Trust.

Menant, Dominique, 1910, "Les Khodjas du Guzarate", *Revue du Monde Musulman*, 12, pp. 214-232, 406-424.

Moir, Zawahir (2000), "Historical and Religious Debates amongst Indian Ismailis 1840-1920", in Mariola Offredi (ed.), *The Banyan Tree. Essays on Early Literature in New Indo-Aryan Languages*, Delhi, Manohar, pp. 131-153.

Mujtaba Ali (1936), *The Origin of the Khojas and their Religious Life Today*, Ph.D. diss., Universität-Bonn, Untersuch. zum Allgemein Religionsgeschichte 8.

Nanji, Azim (1978), *The Nizârî Ismâ`îlî Tradition in the Indo-Pakistan Subcontinent*, Delmar (New York), Caravan Books.

Picklay, A. (1940), *History of the Ismailis*, Bombay, Popular Printing House.

Rahim, Hamshad (1958), *The Agha Khan and the Khojas of India*, M.A. thesis, University of Chicago.

Rahimtoola, Jaffer (1905), *Khojâ komno itihâs*, Bombay, auteur.

Sachedina, Nanjiani (1892), *Khojâ vratânt*, Ahmedabad, Samasher Press.

Sadikali, Mumtaz Ali Tajdin (1997), *Ismailis Through History*, préface de Michel Boivin, Karachi, Islamic Book Publisher.

Sadikali, Mumtaz Ali Tajdin (2003), *101 Ismaili Heroes (late 19th century to present age)*, vol. 1, Karachi, Islamic Book Publisher.

Sadikali, Mumtaz Ali Tajddin (2006), *Encyclopaedia of Ismailism*, Karachi, Islamic Book Publisher.

Shâd, Khwâjâ Bakhsh `Alî (2003), *Shâhbandar jâ Khwâjâ (Ismâ`îlî). Târîkh jî â'îne men*, Jâtî, Young Students Association Hussainabad.

Zâhid `Alî (1948), *Ta`rîkh-i Fâtimiyin-i Misr*, Bombay, Ismaili society.

4.

IDENTITÉS SEPARÉES :

DISSENSIONS ET CONTINUITÉ DANS LA TRADITION IMÂMSHÂHÎ DU GUJARAT

DOMINIQUE-SILA KHAN

Les historiens et les Ismaéliens de l'Inde eux-mêmes s'accordent sur l'origine de la tradition Imamshahi également appelée "Satpanth" et "Pirana Panth". Il s'agit d'une branche de l'ismaélisme nizari qui, à une certaine époque, s'est rendue indépendante, cessant de reconnaître l'autorité de l'Imam, contrairement à ceux que l'on appelle d'une façon générale les Aghakhani Khoja[107]. Il faut ici rappeler que le nom traditionnel de la secte des Khoja était aussi "Satpanth", et préciser qu'il n' y a aucune différence notable entre les textes (*ginan*) et les rites de base. En outre, de nombreuses sources nizari mentionnent la mission (*dawa*) d'Imam Shah au Gujarat. Sayyid Imam Shah était le fils cadet de Pir Hasan Kabiruddin, missionnaire principal délégué par l'Imam du temps. N'étant pas nommé successeur au titre de Pir, il

---

[107] Il faut préciser qu'à l'origine l'appellation "Khoja" ne s'applique qu'à une seule communauté (les Lohana) convertie par Pir Sadruddin au XVème siècle. Plus tard, toutes les autres communautés nizari du sous-continent, telles les Shamsi, les Maulai etc seront regroupées sous ce nom dans la mesure où elles reconnaissent l'autorité des Agha Khan. Il en va de même des groupes plus récemment convertis. Une exception notable : les Gupti, anciens Imamshahi qui ont été autorisés à préserver un statut spécial après avoir reconnu l'Imam des Khoja. Un article de Shafique Virani doit paraître prochainement sur ce sujet.

organisa sa propre mission et s'établit a Pirana où il fut enterré. Le mausolée d'Imam Shah, situé à environ seize kilomètres d'Ahmedabad constitue le centre principal du Satpanth Imamshahi[108].

Il n'a pas encore été possible d'établir avec précision l'époque à laquelle s'est produit le schisme. Pour certains, il aurait eu lieu sous Imam Shah lui-même ou sous son fils Muhammad Shah (XVème siècle) qui se serait proclamé l'Imam du temps. Pour d'autres, ce serait un phénomène beaucoup plus récent, datant peut-être du XVIIIème siècle[109]. Quoi qu'il en soit, vers la fin du XIXème siècle, à l'époque d'Agha Khan III (Sultan Muhammed Shah), certains liens existent encore entre les Imamshahi et les Aghakhani Khoja. Lorsque l'Imam du temps cherche à rassembler sa communauté dispersée et à recueillir les textes perdus, il envoie Mukhi Devraj à Pirana. De nombreux *ginans* que l'on croyait perdus avaient été soigneusement préservés par les Imamshahi. Mais parmi eux, rares sont ceux qui vont accepter de se soumettre à l'autorité de l'Agha Khan, après avoir abandonné leurs propres traditions. A la même époque, Sayyid Ahmad Ali Khaki, une personnalité charismatique du Satpanth Imamshahi, tente lui aussi de rassembler les sectes dispersées dans l'espoir de préserver l'identité séparée d'une tradition, menacée. Mais sa tâche est autrement difficile et son succès n'est que partiel. En effet, l'absence d'une autorité centrale en la personne d'un Imam ou de son représentant unanimement reconnu par les membres de la secte, constitue un obstacle majeur[110].

---

[108] Voir Shackle and Moir 1992 (reprinted 2000): 7-8.
[109] La première hypothèse provient de sources Imamshahi. La seconde a été proposée notamment par Zawahir Moir sur la base de nouvelles recherches historiques. Un article sur ce sujet doit paraître prochainement.
[110] Dans un de ses ouvrages, Ahmadali Khaki donne une liste d'Imams de la lignée Imamshahi, mais cette liste, d'ailleurs interrompue, est loin d'être claire et n'est pas reconnue par les branches rivales du Satpanth.

LE PUZZLE HISTORIQUE

Une autre difficulté réside dans l'histoire même de la branche Imamshahi, et, d'une certaine façon, dans celle de l'ismaélisme en général. La nécessité de dissimuler la véritable identité religieuse des Nizari à l'époque des souverains sunnites avait poussé les missionnaires et leurs disciples à travailler sur des groupes séparés, formés essentiellement sur la base des castes existantes au moment de la conversion. Pratiquant la *taqiyya* en usage chez tous les Chiites, les adeptes d'Imam Shah sont autorisés, dès le début, à conserver leurs noms, leurs coutumes et même certains rites. Ainsi au départ la distinction entre les Sayyids descendants d'Imam Shah et les "convertis" (qualifiés à partir d'une certaine époque de "Gupti" ou "secrets") est un fait établi. Les premiers parviennent à préserver leur identité musulmane en s'affiliant extérieurement au soufisme sunnite, en particulier à la confrérie Suhrawardi, alors dominante au Gujarat; Imamshah lui-même aurait épousé la fille d'un célèbre soufi de l'époque, Muhammad Bukhari Suhrawardi. Quant aux seconds, les "Gupti", ils continuent extérieurement de suivre leurs traditions propres. Ceux qu'on appelle aujourd'hui Patel ou Patidar (autrefois appelés Kanbi), membres d'une communauté à vocation agricole, constituent d'emblée la majorité. Ils formeraient aujourd'hui environ 75% des Imamshahi dits hindous. Parmi les autres on trouvait – et trouve encore – des Kachia Patel (vendeurs de légumes), des Rana (tribaux) et des représentants d'autres castes dont des Brahmanes et des négociants (Baniya), formant environ 10% des membres de la secte. Tous se rallient à un chef religieux qui doit être traditionnellement de caste Patel et porte le titre de Kaka (en persan "serviteur"). Le Kaka de Pirana est aussi le gardien du sanctuaire (*mujavar* selon la terminologie musulmane) et, en principe du moins, le disciple (*murid*) d'un Sayyid.

On ne s'étonnera pas de constater que les différentes communautés, qui affichent extérieurement une identité hindoue, suivent des voies séparées: chacune d'elles est placée sous la tutelle d'un chef de la caste et continue de suivre ses coutumes propres, même si elle adopte les croyances et rituels communs des Imamshahi. Ce phénomène, commun à tous les Nizaris de l'Inde et même d'ailleurs, ne semble pas mettre en danger leur identité religieuse.

Ce qui menace surtout l'intégrité de la secte, ce sont les divisions qui s'opèrent chez les Sayyid eux-mêmes. Les trois lignées reconnaissant Imam Shah pour ancêtre ont dû très tôt manifester des tendances séparatistes, comme en témoignent les documents anciens et les enquêtes récentes : Jalalshahi, Nurshahi et Sayyidkhani semblent très tôt former des groupes rivaux qui cherchent à s'approprier la direction spirituelle du mouvement, ainsi que les revenus du sanctuaire de Pirana et des terres qui lui sont attachées. Jalal Shah est l'arrière-petit-fils d'Imam Shah et le petit-fils aîné de Nur Muhammad Shah; Nur Shah un autre arrière-petit-fils d'Imam Shah, son père étant le fils puîné de Muhammad Shah et Sayyid Khan est le fils cadet de Muhammad Shah. Ils sont à l'origine des trois lignées mentionnés ci-dessus. Le conflit principal, comme souvent, se joue autour du droit à la succession, chacun d'eux prétendant avoir été désigné directement par Muhammad Shah.

Avec le temps, ces rivalités ne firent que s'accentuer, comme ce fut le cas lors des précédents schismes qui eurent lieu au sein de l'ismaélisme. Les divergences qui se font jour tournent autour de l'identité extérieure des intéressés qui sont contraints de pratiquer la dissimulation religieuse (*taqiyya*). Les Jalalshahi optent pour l'identité sunnite; certains Nurshahi formeront une branche séparée, les Panchia, dont il sera question plus loin, tandis que d'autres choisiront plus tard de se convertir au chiisme duodécimain; les Sayyidkhani auront deux branches principales, celle de Burhanpur

(Maharasthra), et celle de Pirana, affichant toutes deux une identité chiite duodécimaine. Ces derniers formeront la secte des Athia.

Selon la tradition, la division en "branche principale", Panchia, Satia et Athia aurait pour origine les choix opérés par les disciples Patel d'Imam Shah concernant la succession des Sayyid. On dit que parmi les vingt groupes de Kanbi Patel, cinq (*panch*) choisirent Bibi Raji Tahira, épouse de Shahji Mian, fils aîné de Sayyid Khan et furent de ce fait appelés "Panchia". Sept de ces groupes restèrent fidèles à Pir Bala Muhammad, fils cadet de Shahji Mian; ils sont connus sous le nom de "Satia". Enfin, huit groupes suivirent d'autres descendants de ce dernier, Badruddin et Baqirali, formant la branche des "Athia". Quatre sanctuaires distincts les représentent à Pirana.

Nous n'entrerons pas ici dans les détails de cette histoire aussi complexe que confuse, le but de cet article étant de montrer comment s'articulent aujourd'hui les tendances séparatistes et les tendances unitaires au sein de la tradition Imamshahi du Gujarat[111]. Il suffira de conclure cette partie en soulignant les deux phénomènes opposés qui résultent des conflits et rivalités au sein de la tradition Imamshahi : soit ils n'empêchent pas la préservation d'un héritage rituel et littéraire commun, soit ils aboutissent au contraire à des divergences profondes sur le plan de la doctrine et des pratiques. Dans certains cas, les disciples d'Imamshah cessent d'appartenir à la "secte de Pirana" et se rallient à d'autres communautés religieuses. Le seul lien qui les rattache alors aux autres est la vénération qu'ils ont pour les mêmes maîtres spirituels.

---

[111] Pour une histoire plus détaillée des Imamshahi, voir Ivanow 1936 : 19-70, ainsi que l'article mentionné ci-dessus. On pourra également consulter les articles suivants : Khan and Moir 1999, Khan 2004, Khan 2006, Khan 2007 et Khan à paraître.

EVOLUTION DES IMAMSHAHI AU XXÈME SIECLE

Le tableau qui se présente aujourd'hui est encore plus complexe. En effet, après l'indépendance, les enjeux ne sont plus mêmes. Depuis la fin du siècle précédent, il était devenu de plus en plus important de s'attribuer une identité religieuse précise et de s'associer de ce fait à une des grandes religions de l'Inde. L'existence d'une loi civile séparée pour ceux que l'on classe comme "hindous" ou "musulmans" n'a fait que renforcer cette tendance. Lors des nombreux procès qui ont lieu autour de Pirana à partir de 1939 (et qui continuent de plus belle) la nature "syncrétique" de la tradition Imamshahi apparaît comme un vrai casse-tête judiciaire. Les seuls à sortir de l'imbroglio légal sont ceux qui ont renoncé à faire de Pirana le centre de leur foi, se contentant de visiter la *dargah* à l'occasion des fêtes. Ceux-là, d'une certaine façon, vivent avec leur temps et ne se soucient guère du fait que leur désertion risque d'entraîner un jour la disparation de la secte.

Dans ce groupe, on peut ranger les Nurshahi Momin, disciples de la lignée de Nur Shah qui se sont récemment convertis au chiisme duodécimain, ainsi que les adeptes des sectes de Ramananda, de Swami Narayan et l'Arya Samaj qui se rangent parmi les communautés hindoues. Le cas des Imamshahi qui ont plus récemment abandonné leur tradition pour suivre le mouvement du Sanatan Dharm est légèrement différent. Beaucoup d'entre eux habitant dans le même village que ceux qui sont restés Satpanthi se trouvent en conflit avec eux au sujet de la propriété des terres attachées aux sanctuaires[112].

Abordons maintenant la question des tendances qui se font jour au XXème siècle au sein de ceux qui continuent de suivre la tradition religieuse Imamshahi. C'est la 'branche

---

[112] Au Kutch, pa exemple, on trouve côte à côte les temples Sanatani (dédiés à Lakshminarayan) construits par ceux qui ont déserté le Satpanth et les sanctuaires "réformés" des Imamshahi.

principale" qui a connu le plus de soubresauts au cours des dernières décennies, ce qui est naturel car elle comprend le plus grand nombre d'adeptes et contrôle l'important sanctuaire de Pirana. A ce niveau les enjeux sont sérieux car la *dargah*, en dépit de tous les conflits, continue d'être le centre actif d'une piété populaire qui dépasse largement les barrières de la caste et de la secte. Il suffit, pour en être convaincu, de se rendre à Pirana le jour de l'Urs, anniversaire de la mort d'Imam Shah. L'extraordinaire diversité humaine qui s'y rencontre a rarement son égal ailleurs, même dans les mausolées soufis les plus réputés : membres des hautes et des basses castes appartenant aux traditions hindous les plus diverses, sunnites, chiiites duodécimains, ismaéliens, Imamshahi "Gupti" reconnaissant l'autorité de l'Agha Khan et enfin Imamshahi proprement dits apparaissant eux-mêmes sous différentes identités. La question de savoir à qui appartient vraiment le sanctuaire (géré par un trust à depuis 1939) est d'autant plus cruciale. Et cette question elle-même dépend essentiellement d'une autre : quelle est la nature de la tradition Imamshahi et comment peut-on la définir ? Les réponses varient considérablement selon le groupe auquel on est affilié.

Pour comprendre pleinement "l'hindouisation" récente d'une grande partie du Satpanth de Pirana, il faut d'abord rappeler un phénomène très ancien, aussi ancien que la version sud-asiatique de l'ismaélisme nizari. Au sein de la tradition qui nous concerne, ce processus commence avec Imam Shah lui-même. En fait, il est certainement erroné d'utiliser le terme "hindouisation", car le missionnaire nizari, fils de Pir Hasan Kabiruddin, ne fait que continuer la tradition de ses prédécesseurs : afin de faciliter les conversions mais aussi de protéger ses disciples, il leur permet de continuer à suivre certaines coutumes indigènes. N'oublions pas non plus que les textes et les rituels nizari sont eux-mêmes fortement teintés d'éléments empruntés au soufisme comme aux traditions hindoues et jaïns. Lorsque de nombreux "convertis" (Gupti) adoptent certaines pratiques musulmanes, les Sayyid acceptent sans sourciller des coutumes hindoues; ainsi maîtres et disciples se rapprochent-ils les uns des autres, selon un modèle familier à tous ceux qui ont étudié l'ismaélisme en Inde. Ce processus ne s'accomplit pas en bloc mais progressivement avec des avancées mais aussi des retours en arrière. Ce qui modèle l'attitude des Imamshahi, ce sont sans nul doute les circonstances extérieures, en particulier le contexte politique et social.

Le XXème siècle est la grande époque de formation des identités religieuses et celle où apparaissent des réformateurs de tout crin. Sayyid de la lignée Jalalshahi, Ahmadali Khaki, contemporain de l'Agha Khan III, se fait le champion d'une secte qui se trouve menacée de disparition. S'il lutte contre l'absorption de sa communauté dans celle des Aghakhani Khoja, ce sont surtout les adeptes de l'Arya Samaj, puis ceux du Sanatan Dharma qui constitue pour lui la principale menace. Or la majorité de ses disciples (il se considère comme le *sajjada-nishin* de Pirana et le Pir principal) appartiennent à la communauté des Patel. En raison de la violente crise d'identité qui les agite, ils sont les plus nombreux à déserter la secte. Ils se sentent mal à l'aise vis à vis de leurs frères de caste qui affichent une identité hindoue sans ambiguïté et considèrent avec le plus grand mépris leurs traditions "batardes". Khaki est un écrivain et un polémiste de grande envergure et il met son talent au service du Satpanth Imamshahi. A travers ses nombreuses publications, il réfute les prétentions des Khoja comme celles des Aryasamaji. Continuant ses activités, son fils Shamsuddin fait imprimer ou réimprimer ses publications et publie aussi les textes rituels, version Imamshahi. La différence avec la branche nizari est négligeable : elle consiste essentiellement dans la signature des *ginan* et dans la prééminence attribuée à Imam Shah. Là où Sayyid Shamsuddin se montre plus audacieux, c'est sur le plan des notes et des commentaires qu'il ajoute. Ceux-ci, très abondants, "traduisent" de nombreux termes propres à l'islam dans un idiome "hindou". Soulignant l'équivalence ginanique entre le Coran et Veda, il se fait photographier avec les quatre livres des Veda placés devant lui. Fondamentalement rien n'a changé, c'est seulement une question d'accent. Mais Shamsuddin, qui lui aussi s'intitule chef principal de la secte, tente ainsi sa première "opération" de sauvetage, espérant sensibliser ses disciples "hindous" et les empêcher d'aller voir ailleurs.

Cependant, la crise s'aggrave. D'autres organismes de la droite hindoue prennent la relève de l'Arya Samaj et supplée aux défaillances du mouvement Sanatan Dharma : le plus actif est le Vishva Hindu Parishad (VHP) qui entreprend çà et là des campagnes de "conversion". Comme naguère l'Arya Samaj, ils font littéralement honte aux Patidar qu'ils accusent d'être des "hindous dégradés"[113]. Ils reprennent aussi la théorie de l'Arya Samaj, expliquant que le Satpanth, mouvement purement hindou à l'origine, avait été "infiltré" par des musulmans dans le but de "détruire la religion hindoue" (*Hindu dharm*). La conspiration déjouée, les Satpanthi devaient revenir dans le sein de l'hindouisme. L'ampleur de ce mouvement, due sans doute aux nouvelles conditions économiques et sociales, exigeait une réaction proportionnée.

LE MOUVEMENT DE KAKA KARSAN DAS

En 1986 après le décès de Kaka Savji, chef de la communauté des convertis à Pirana, Sayyid Shamsuddin parvient à faire élire son disciple Karsan Das, alias Kaka

---

[113] Narayan Limbani "Contractor", un Saptpanthi du Kutch, avait rejoint les rangs de l'Arya Samaj sous l'influence d'un brahmane qui avait qualifié sa secte de "religion de cimetière". Il est à l'origine des nombreuses conversions à l'Arya Samaj qui eurent lieu à cette époque parmi les Imamshahi "Gupti", en particulier les Patidar.

Karim. Tous deux s'activent pour remédier à la crise[114]. Au Kutch, des villages dont les habitants étaient tous Satpanthi se trouvent divisés lorsque, comme on l'a dit plus haut, des disciples d'Imam Shah abandonnent la secte pour rejoindre le "grand courant" hindou représenté par le mouvement Sanatan Dharma. D'autre part, dans les années 1970, des membres de la communauté des Patidar se réunissent et, sous l'influence du VHP, passent une résolution invitant tous les Patidar à pratiquer la crémation. Shamsuddin et son disciple Karsan recourent alors à divers moyens pour empêcher les désertions et l'abandon des rites funéraires musulmans qui sont traditonnellement ceux du Satpanth Imamshahi. Tandis que le Sayyid fait appel à ses relations politiques, peu de temps après son élection, le nouveau Kaka de Pirana entreprend une série de réformes qui sont destinées à protéger sa tradition religieuse en préservant son indépendance. Il réconcilie de nombreux Satpanthi "hindous" avec le rite de l'enterrement en faisant référence à la coutume des yogis et des Sannyasi : désormais on ne parlera plus d'enterrement (*dafan*) ni de tombe (*kabr*) mais de *bhu sanskar* et de *samadhi*[115].

Il va beaucoup plus loin, devenant lui-même un membre actif du VHP, il entreprend de prouver à cet organisme que le Satpanth n'est nullement une secte de l'islam. Il accepte la nouvelle version de l'histoire des Imamshahi et entreprend de modifier textes et rituels[116]. Bien que le travail soit long, les difficultés ne sont guère nombreuses car les *ginan*, on le sait, contiennent déjà de nombreuses références aux traditions hindoues qui sont parfois utilisées en tandem avec des termes propres à l'islam. En fait il suffit de supprimer ceux-ci ou de

---

[114] Pour plus de détails sur le mouvement, voir Khan 2006.
[115] Le terme *bhu sanskar* (rituel de la terre) est calqué sur celui de *agni sanskar* (rituel du feu) qui désigne la crémation. *Samadhi* fait référence à la coutume de certains ascètes qui se font enterrer dans la posture de la méditation profonde aussi appelée *samadhi*. Enfin, le même mot désigne le monument commémoratif construit à cet endroit.
[116] A ce sujet voir Khan 2007.

les remplacer par des termes hindous. Le résultat est étonnant: un film muet sur le rite nizari du *ghat-path* tel qu'il est pratiqué aujourd'hui, depuis la réforme de Karsan Das, ne mettrait en évidence aucune différence majeure ni avec les pratiques Imamshahi traditionnelles ni avec celle des Khoja Aghakhani.

A l'issue d'interminables procès et débats qui sont loin d'être finis, Karsan Das, décédé en 2004, est remplacé par son fidéle disciple Nanak Das. Les réformes continuent donc et le grand sanctuaire de Pirana, devenu *Prena Pith* change peu à peu de visage. La porte principale de la *dargah* qui n'était ouverte que pour les grandes fêtes – l'accès se faisant par une autre entrée conduisant au *samadhi*, comme l'indiquait une inscription - est restaurée. Des dieux hindous, Ganesh en premier, trouvent une nouvelle place dans les niches extérieures. Le résultat est spectaculaire : les désertions cessent et les Patidar Satpanthi qui, ne l'oublions pas, forment la majorité, n'ont désormais plus honte de leur affiliation religieuse.

Cependant la question cruciale qui se pose est la suivante : si ces réformes continuent, comme il est probable, le sanctuaire de Pirana ne risque-t-il pas de se transformer sur le modèle des nouveaux temples du Satpanth au Kutch baptisés *"Nishkalanki mandir"*? Ces structures brahmaniques classiques sont surmontées d'un *shikhara*; elles comprennent une salle ornée de peintures murales représentant des divinités hindoues, même s'il n'y a pas d'idole dans le dais qui constitue en quelque sorte le saint des saints. L'ancienne chambre d'Imam Shah où a lieu actuellement le rite du *ghat-pat* à Pirana a déjà été décorée de la sorte. Mais osera-t-on démolir les nombreuses tombes de forme musulmane, parmi lesquelles celle particulièrement sacrée d'Imam Shah ? Devra-t-on aussi hindouiser le nom de fondateurs du

Sapanth[117] ? Et dans ce cas le Satpanth survivra-t-il comme une tradition distincte ?

Sayyid Shamsuddin, qui a soutenu Karsan Das au début de son entreprise, comprend bien que tout est une question de nuances. Pour lui, les réformes de son disciple favori étaient dictées par la *taqiyya*. Elles ne devaient représenter qu'une phase dans l'évolution du Satpanth. Reconnaissant que son disciple est allé trop loin, il reste pourtant optimiste. Il sait que les "dissidents", quoique moins nombreux que les Patidar "réformés", continuent d'être actifs et de s'opposer violemment à ces changements..

En attendant des temps meilleurs (*zamana kharab hai*, "les temps sont mauvais" est une de ses expressions favorites) il continue à réunir autour de lui des disciples "Gupti" qui pratiquent avec lui en secret le rite traditionnel du *gath-pat* et récitent les *ginan* originaux. Ces hindous de Pirana et d'ailleurs n'osent rien dire de leur choix personnel en dehors de ce cercle étroit, mais eux aussi attendent des temps meilleurs...

DES SAYYIDS EN COLÈRE

Dès le début, de nombreux Sayyid de Pirana protestent violemment contre les réformes de Karsan Das. Après un long *dharna*, certains d'entre eux intentent à partir de 1992 une série de procès à Karsan Das, sous l'égide de deux leaders énergiques, Nuruddin et de Mustafa. Ils formèrent un comité de défense baptisé "Imamshah Sadat Committee". Plusieurs faits ressortent de ces procès : par exemple l'importance des enjeux financiers et la difficulté posée par la présence d'identités multiples au sein de la tradition

---

[117] Pour l'instant les réformateurs se sont bornés à ajouter le titre de "Maharaj" au nom d'Imam Shah et à orner ses représentations d'une marque de secte hindoue.

Imamshahi. Le nombre de déclarations contradictoires faites au cours de ces procès en est témoin[118].

Certains pensent qu'il est nécessaire d'opérer soigneusement une distinction entre les Sayyids, descendants d'Imam Shah, et les membres de la secte créée par celui-ci, appelés Satpanthi. Selon cette version, qui résulte d'une définition légale acceptée dès 1939, les deux groupes ne sont pas affiliés à la même religion; par conséquent les droits des Sayyid découlent essentiellement du fait qu'ils appartiennent à la lignée d'Imam Shah : bien qu'ils soient "musulmans" (entendons ici sunnites ou chiites duodécimains), il a été considéré comme naturel de continuer à leur confier certaines tâches associées au sanctuaire de Pirana. C'est du moins la conclusion de la cour de justice d'Ahmedabad en 1976[119]. La théorie sous-jacente est qu'Imam Shah et ses descendants, afin d'unir hindous et musulmans, auraient prêché une nouvelle forme de syncrétisme religieux appelé "Satpanth", quoiqu'il ait été lui-même un musulman tout à fait "orthodoxe" faisant ses cinq prières par jour etc. Plus tard, les Sayyid de sa lignée n'auraient pas jugé utile de continuer dans cette voie. C'est pourquoi ils ne peuvent être considérés comme des Satpanthi. Les Satpanthi, ceux qui ont suivi le message du saint de Pirana, ont toujours été des "hindous" même s'ils sont les disciples d'Imam Shah.

Quelle qu'ait été la conclusion de ces procès (suivant toujours la division, légale depuis 1939, entre Sayyid et Satpanthi) certains descendants d'Imam Shah ne partagent pas cette opinion. On peut mentionner ici un fait important : la justice n'a pas tenu compte d'un phénomène pourtant essentiel dans la tradition Imamshahi, celui de la *taqiyya*. Bien que de nombreux Sayyid le soulignent constamment, les Sapanthi dits "hindous" sont en réalité des "Gupti" – un

---

[118] Voir Khan 2004b.
[119] *Idem* : 221-222.

terme qu'il est impossible de comprendre sans faire référence à la tradition ismaélienne nizari.

Sayyid Nuruddin, un des deux directeurs du Imamshah Sadat Committee, est un prétendant au titre de *Sajjada nishin* qui, selon lui, a été usurpé par Shamsuddin Khaki. Appartenant comme lui à la lignée Jalalshahi, il se dit le Pir (ou *murshid*) de Pachan Kaka, un Patidar Satpanthi, le principal adversaire de Kaka Karsan Das. Pachan, qui a le titre de "Bhagva kaka" (inférieur dans la hiérachie Imamshahi à celui du "Gaddivala Kaka" qui est le chef principal des hindous Satpanthi), reconnaît ouvertement son maître en Nuruddin. Tous deux déclarent lutter contre les réformes initiées par Karsan et continuent à utiliser les textes et à pratiquer les rituels d'avant la réforme. Mieux encore, ils ont commencé à publier à Calcutta une série d'ouvrages reproduisant, entre autres, la version des *ginan* "interdits" à Pirana depuis Karsan Das[120].

Ces publications sont du plus grand interêt car, dans leur lutte pour préserver ce qu'ils considèrent comme l'authentique tradition Imamshahi, les Sayyid et leurs disciples Patidar qui se sont ralliés autour de Pachan, ne se sont pas contentés de souligner la nature "syncrétique" du Satpanth. Leur quête acharnée et les impasses auxquelles les procès ont conduit les ont poussés à rechercher les origines de la tradition Imamshahi. Ces recherches les ont logiquement amenés à redécouvrir d'anciens documents, parmi lesquels il faut citer en premier lieu l'article que Vladimir Ivanow, spécialiste renommé de l'ismaélisme, écrivit en 1936[121]. Dans cet article, Ivanow essaie de retracer l'histoire de la secte, mettant également en évidence les problèmes d'identité et l'ignorance – feinte ou réelle – des

---

[120] *Pancham Ved - Mukti no bhed - mahapuja mantro- gurumukh vani*, 1994 et *Pancham Ved. Part 4. .Satpanth dharmi ruprekha - Satpanth satyavacha, karman.*, Sri Akhil Vishva Satpanthi Dharmiya Sangh. Calcutta., 1998.
[121] Voir Ivanow 1936.

Sayyid quant à son origine. Ainsi le groupe formé par Nuruddin Sayyid a-t-il été contraint d'admettre que le Satpanth de Pirana est une branche détachée de l'ismaélisme nizari, suivant une lignée d'Imams différente. Le phénomène est sans nul doute remarquable si l'on songe à l'acharnement avec lequel la plupart des Sayyid défendent leur identité sunnite ou chiite duodécimaine.

DEUX VOIX PRÊCHANT DANS LE DÉSERT

Signant traditionnellement ses écrits du pseudonyme "Anami Antaratma" ("âme anonyme"), un écrivain de caste Patel, Ravji Kanji, a joué un rôle important dans le développement du Satpanth jusqu'aux réformes de Karsan Das. Après cette époque, il est resté dans l'ombre et a été victime de violentes attaques de la part des alliés du Kaka. Celles-ci, loin d'être purement verbales, ont mis plusieurs fois sa vie en danger. Activiste social énergique et écrivain prolifique, Ravji se dit "gandhien et théosophise". Il a consacré le meilleur de son temps à défendre la tradition Imamshahi et à lutter contre le communautarisme. Toutefois il ne semble pas s'intéresser aux problèmes de l'origine du Satpanth qu'il ignore de bonne foi. Pour lui, la secte Imamshahi est avant tout une tradition syncrétique fondée par un soufi musulman, Sayyid Imam Shah, dans le but d'unir les membres de communautés religieuses et de castes différentes.

Le cas de Samsadali Kassimali est différent. Vivant à Pirana et travaillant comme fonctionnaire à Gandhinaghar, Samsadali est le fils de Kassimali Durveshali, un Sayyid de la lignée Jalalshahi qui fut, tout au long de sa vie, entièrement dévoué à la cause du Satpanth Imamshahi. Kassimali est l'auteur d'un ouvrage important intitulé *Satpanth Shastr ane mokshgathi no sacho marg*, publié en 1954. Son but était le même que celui de Ravji. Après son décès survenu il y a une dizaine d'années, son fils a entrepris de suivre ses traces, préservant ses écrits, rassemblant un grand nombre de documents anciens et récents et s'intéressant aux procès en cours. Comme Sayyid Nuruddin, et contrairement à Ravji, il est parfaitement au courant de l'origine et de l'histoire du Satpanth. Mais les enjeux financiers, comme les questions de pouvoir, le laissent indifférent; son seul but est, comme Ravji dans ce cas, d'essayer de sauver la tradition menacée.

Ravji Kanji et Samsadali Kassimali sont des voix isolées, dans la mesure où ses deux personnages évitent de se mêler directement aux querlles intestines. Elles s'ajoutent cependant au concert des protestations qui se font de plus en plus énergiques.

LA SECTE DES ATHIA

Récemment, des membres de cette branche séparée se sont joints aux Sayyid du groupe de Nuruddin et à Ravji Kanji pour intenter une série de procès à Karsan Kaka et à son successeur, Nanak Das dont ils ne reconnaissent pas la légitimité.

Menacés eux-aussi par les activités des adeptes de la droite hindoue et les réformes de Karsan Das, les Athia se sont d'abord contentés de recourir à la tactique de la *taqiyya*. Ainsi ont-ils construit un petit sanctuaire "hindou" à l'extérieur de l'enceinte du mausolée de Baqirali qui en constitue le centre. De même ils ont publié de petits opuscules destinés à circuler librement et qui dissimulent soigneusement le vrai visage de leur tradition, gardant pour leurs disciples les ouvrages authentiques. La structure administrative du *rauza* Athia est calquée sur celle du sanctuaire d'Imam Shah. Les Athia sont régis par un Trust à part. Le Pir principal est traditionnellement un Sayyid de la lignée Sayyidkhani et le *mujavar*, à la tête du groupe des convertis et portant lui aussi le titre de Kaka, est un Patidar

"Gupti". En résumé, les Athia qui sont parvenus à maintenir le caractère syncrétique de la secte, dont ils constituent une branche mineure (bien qu'il y ait des adeptes émigés en Angleterre)[122], se sentent aujourd'hui concernés par les conflits qui déchirent la "branche principale". Ainsi sortent-ils peu à peu de leur isolement.

LES BRANCHES SATIA ET PANCHIA

Le nombre réduit des adeptes de ces deux branches qui ont aussi leur sanctuaire séparé à Pirana, comme dans d'autres villes et villages, pourrait nous inciter à les passer sous silence. Ce serait sans doute une erreur car l'existence de ces deux groupes est d'une grande importance pour la tradition Imamshahi. Du fait même de leur position mineure au sein de cette tradition ils sont pour ainsi dire passés inaperçus, échappant aux diverses entreprises de "modernisation" ou d'"hindouisation" qui ont vu le jour au début du XXème siècle.

Les Satia ont leur sanctuaire séparé à Pirana. Ce sont ceux qui ont suivi Pir Bala Muhammad (XVIIIème siècle), fils de Shaji Miyan, un des descendants de Sayyid Khan. La communauté des convertis comprend essentiellement des Rabari (éleveurs de chameaux et d'ovins) et les Sheikh. Une femme Sayyid est actuellement le *mujavar* du mausolée de Bala Muhammad. Le sanctuaire n'est pas actuellement régi par un Trust.

Une étude reste à faire sur ces deux branches qui n'ont guère retenu l'attention des chercheurs ou des medias. Lors de mon voyage au Kutch en 1999-2000, j'ai eu l'occasion de

---

[122] Selon Zawahir Moir ("The History of the Sect of Imamshah...", à paraître), on trouve des Athia en Angleterre (Londres) et au Canada, à Toronto. Parmi ces derniers certains auraient rejoint la communauté des Nizari Aghakhani.

visiter un sanctuaire Panchia dans la capitale de Bhuj qui n'avait pas encore subi les violences du tremblement de terre. Mon informateur, un artisan de caste Thattera (dont l'occupation traditionnelle est la chaudronnerie), nommé Kesarlal, me rappela d'abord brièvement l'origine de sa secte. Kesarlal est le Mukhi du sanctuaire local appelé "Khana" conformément à l'ancienne tradition Imamshahi. Les Panchia sont ceux qui ont suivi Bibi Tahira, femme de Shaji Miyan, un des descendants de Sayyid Khan; Sayyid Khan, précisons-le ici était le fils de Nur Muhammad Shah et de son épouse de caste Ahir, Parma Bai. Sa première épouse, Buzurg Begum était la fille du souverain d'Ahmedabad Mahmud Begra. La majorié des Panchia sont des Ahir (bergers), des Rabari (éleveurs de chameaux et d'ovins) et des "Soni" (orfèvres et chaudronniers). A Pirana, le Kaka des Panchia, celui qui dirige la communauté des "convertis" est aussi un Ahir.

La communauté des Panchia de Bhuj comprenait environ 150 membres, mais il n'en resterait aujourd'hui que 40 ou 50. Kesarlal déclara également qu'en dehors de Pirana, le plus important sanctuaire se trouvait à Bhavnagar. Comme je lui demandais s'il possédait des livres de *ginan* ou autres, mon informateur hésita un instant avant d'ouvrir la partie inférieure d'une sorte de banquette qui servait aussi de coffre. Au bout de quelques minutes, parmi un tas d'objets mis au rebut, il exhuma trois ou quatre livres en disant : "C'est tout ce que j'ai...".

Je constatai non sans stupéfaction qu'il s'agissait des livres "réformés" de Karsan Das. Kesarlal m'expliqua que des Patel du sanctuaire principal de Pirana étaient venus et lui avaient donné ces ouvrages en lui demandant de suivre désormais ce qui y etait écrit... Mais cela ne lui avait pas plu et c'est pourquoi il les avait cachés à cet endroit et ne les avait plus jamais ouverts...

" Je ne vois aucune raison d'abandonner notre tradition..." déclara-t-il.

En visitant le *Khana* je compris que les Panchia s'étaient tenus éloignés de tout changement : le signe *Om* désormais présent dans tous les nouveaux sanctuaires réformés par Karsan Kaka était absent, et les murs n'étaient pas ornés de peintures représentant des dieux hindous. A l'intérieur d'une petite pièce aux murs nus se trouvait un pavillon ouvert décoré avec les images de Duldul, al-Buraq et Zu'l Fiqar – symboles chiites et ismaéliens par excellence. La communauté était si réduite que la cérémonie complète du *ghat-pat* n'avait plus lieu qu'une fois par an, le *bij* (deuxième jour après la Nouvelle Lune) du mois d'*Asoj* (*Asadh*). Après le *prasad* de fruits, l'eau dans laquelle les fidèles se lavaient les mains était bue comme une substance sacrée, le *paval*, terme typiquement nizari...

CONCLUSION : L'AVENIR DE LA SECTE IMAMSHAHI

Pour ceux qui voudraient préserver la tradition Imamshahi dans sa forme originelle, il semble que la seule solution logique qui s'offre est d'admettre ouvertement l'origine du Sapanth. Dans le contexte de l'Inde contemporaine, il est extrêmement difficile de protéger un mouvement simplement considéré comme "syncrétique". Aussi la définition légale des Sayyid comme descendants musulmans d'Imam Shah, distincts des Satpanthi hindous et de leur secte, est-elle sans doute une impasse. En admettant la nature particulière de l'imaélisme nizari et de ses branches en Inde, il serait théoriquement possible de défendre la tradition sur le plan légal. C'est semble-t-il la tendance actuelle parmi les Sayyid opposants du Kaka de Pirana, les Athia et leurs alliés. Cependant, la réticence à admettre pleinement ces racines - et cela devant la cour de justice – provient de la crainte que la tradition Imamshahi soit finalement absorbée dans la secte nizari des Aghakhani Khoja.

Or il faut ici rappeler que cette branche de l'ismaélisme s'est engagée, depuis la Partition, sur une voie qui mène à son rapprochement avec l'islam sunnite[123]. Pour que le Satpanth Imamshahi préserve son indépendance comme branche séparée de l'ismaélisme nizari il faudrait une autorité centrale qui soit acceptée par la majorité des adeptes, autrement dit un Imam ou son représentant. Or pour cette majorité Satpanthi qui appartient à la communauté des Patidar et a choisi la voie de l'hindouisation, il paraît difficile de revenir en arrière. Comment ceux-ci pourraient-ils accepter de faire partie d'une secte religieuse qui a son origine dans l'ismaélisme, une branche du chiisme musulman ? Les jeunes générations élevées au moment des réformes de Karsan Das ignorent totalement l'existence des *ginan* dans leur forme originelle. L'idée même de tolérance et de syncrétisme leur est étrangère. Il y a donc tout lieu d'être pessimiste sur l'avenir de la secte Imamshahi.

Seul un changement radical de la politique et de la société du Gujarat serait capable de modifier ces données. En attendant, il appartient aux défenseurs de la tradition de préserver, ouvertement ou au moyen de la *taqiyya*, une partie au moins de cet héritage menacé.

En dépit de ce qui vient d'être dit, il est nécessaire de conclure sur une image moins sombre et qui appartient pourtant au domaine de la réalité actuelle : lors de l'Urs (l'anniversaire de la mort d'Imam Shah) qui a lieu tous les ans le vingt-cinquième jour du mois de Ramzan, le sanctuaire de Pirana continue d'être visité avec enthousiasme par un grand nombre de dévots appartenant à différentes castes et communautés religieuses. Pour tous ces gens, dont une grande partie n'a jamais eu de lien avec le Satpanth, le Rauza d'Imam Shah est un centre de piété universel et un espace

---

[123] A ce sujet on pourra consulter Rattansi 1987 et Khan 2007.

partagé. Même les Sayyid et les Patel, qu'ils se déclarent ou non Satpanthi, oublient povisoirement leurs querelles. Les problèmes et les conflits qui agitent la secte d'Imam Shah pourront sembler de peu d'importance dans un pays aussi vaste que l'Inde si l'on se réfère au nombre de ses adeptes. En fait, le tableau présenté ici reflète une réalité beaucoup plus vaste; il existe des centaines d'autres cas analogues illustrant les conflits inter-religieux et les malaises identitaires typiques de l'Inde d'aujourd'hui mais aussi de la société contemporaine en général.

BIBLIOGRAHIE

Boivin Michel (1994), 'The Reform of Islam in Ismaili Shi'ism from 1885 to 1957', in F. Delvoye (Ed.), *Confluence of Cultures - French Contributions to Indo-Persian Studies*, Manohar, Delhi, pp.120-139.

Ivanow Validimir (1848), *Collectanea*, vol. I., Leiden, E.Brill.

Ivanow Validimir (1936), 'The sect of Imamshah in Gujarat', *JBBRAS*, 12, pp. 19-70.

Kassam Tazim R. (1994), 'Syncretism on the Model of the Figure-Ground : A Study of Pir Shams' "Brahma Prakasa" ', in Ed. Young K.K. *Hermeneutical Paths to the Sacred worlds of India – Essays in Honour of Robert W. Stevenson*, Atlanta, Scholars Press, pp.231-241.

Khan Dominique-Sila (1997), *Conversions and Shifting Identities – Ramdev Pir and the Ismailis in Rajasthan*, Delhi, Manohar.

Khan Dominique-Sila (2004), *Crossing the Threshold: Understanding Religious Identities in South Asia*, London, I.B.Tauris.

Khan, Dominique-Sila (2004b), "Liminality and legality : a contemporary debate among the Imamshahis of Gujarat", In I.Ahmad et H.Reifeld, *Lived Islam in South Asia*, New Delhi, Social Science Press, pp. 209-233.

Khan Dominique-Sila (2006), 'Karsan Das – Un héros vivant : L'identité Patidar et les secte des Satpanthi au Gujarat' in Ed. V. Bouillier and C. Le Blanc, *Usage des héros: Traditions narratives et affirmations identitaires dans le monde indien,* Paris, Honoré Champion Editeur, pp. 95-119.

Khan Dominique-Sila (2007), "Rewriting the *Ginans*: Revolution and Resistance among the Imamshahis of Gujarat", Ed. Tazim Kasssam et Francoise Mallison, *Ginâns: Texts and Contexts. Essays on Ismaili Hymns from South Asia in Honour of Zawahir Moir*, New Delhi, Patrix Publishing, pp. 103-116.

Khan Dominique-Sila (à paraître), "Silent Saints and Secret Patrons: Rescuing the Imamshahi Tradition of Gujarat".

Khan Dominique and Moir Zawahir (1999), "Coexistence and Communalism : The Shrine of Pirana in Gujarat", *South Asia*, Vol. XXII, pp. 133-154.

Masselos J.C. (1973), "The Khojas of Bombay : the Defining of formal Membership Criteria During the Nineteenth Century" in Ahmad Imtiaz Ed., *Caste and Social Stratifications among Muslims in India*, New Delhi, Manohar, pp. 97-116.

Moir Zawahir (2001), "Historical and Religious Debates Amongst Indian Ismailis 1840-1920" in Ed. Offredi Mariola, *The Banyan Tree*, Delhi, Manohar, pp. 131-153.

Nanji Azim (1978), *The Nizari Ismaili Tradition in the Indo-Pakistan Subcontinent*, Delmar-NY, Caravan Books.

Nanji Azim (1988), '*Shari'at* and Haqîqat: Continuity and Synthesis in the Nizari Ismaili Muslim Tradition" Ed. K.P. Ewing, *Sharî`at and Ambiguity in South Asian Islam*, Berkeley, University of California Press, pp. 63-76.

Oberoi Harjot (1994), *The Construction of Religious Boundaries – Culture, Identity and Diversity in the Sikh Tradition*, Delhi, OUP.

Rattansi Diamond (1987), *Islamization and the Khojah Isma'ili Community in Pakistan*, unpublished thesis, Institute of Islamic Studies, McGill University, Montreal.

Shodhan Amrita (1999), 'Legal Formulation of the Question of Community: Defining the Khoja Collective' in *Indian Social Science Review* 1,1, pp. 137-151.

5.

LE TEXTE DU *KALÂM-I MAULÂ* EST-IL DE TRADITION ISMAÉLIENNE ?

IQBAL SURANI

PRÉSENTATION DU TEXTE

Pour ma présente étude, j'ai choisi le texte de *Kalâm-i Maulâ* (Paroles du Seigneur) dans l'édition de 1984 qui est en ourdou et en caractères arabo-persans. Il est publié par l'Association Shia Imami Ismailia de Son Altesse le Prince Agha Khan à Karachi, au Pakistan (tirage : 3000 exemplaires).

Le texte est composé de 327 strophes qui sont réparties dans les 23 chapitres des 208 pages dont deux pages de table des matières et 25 pages de glossaire alphabétique. Il ne comporte aucune introduction. Le titre sur la première page est *Kalâm-i Maulâ, Imâm-i Avval Hazrat Maulâ Murtazâ 'Alî 'alaihî al-salâm kâ mubârak kalâm* («Dits du Seigneur, le premier Imâm, sa sainteté le Seigneur Murtazâ 'Alî (la paix d'Allâh soit avec lui)». Chaque strophe est un court poème didactique de deux distiques, très concis et précis, aisément mémorisable car elle est destinée à être récitée par des fidèles pendant les cérémonies religieuses.

Je donne ici la traduction des titres des 23 chapitres qui constituent la charpente du texte : 1) *dar bayân sachchâ'i*, explication sur la vérité, 2) *dar bayân birâdarî*, explication sur la fraternité, 3) *dar bayân fazîlati adab*, explication sur l'excellence de la civilité, 4) *dar bayâni ta'rîfi sakhâ'vat*, explication sur la définition de la générosité, 5) *dar bayân mazammat bakhîl*, explication sur le blâme de l'avarice, 6) *dar bayâni lâlach*, explication sur la cupidité, 7) *dar bayân dâstâni man*, explication sur l'âme, 8) *dar bayân sharam, halîmî, inkisârî, mîthî zubân*, explication sur la honte, la tolérance, l'humilité et les paroles douces, 9) *dar bayâni jahâlatû va bevûqûf*, explication sur l'ignorance et la stupidité, 10) *dar bayân khûbî 'ilm*, explication sur les vertus de la connaissance, 11)) *dar bayâni dâstân zulm*, explication sur l'injustice, 12) *dar bayân khûbî 'adal*, explication sur les vertus de la justice, 13) *dar bayâni dunyâ*, explication sur le bas-monde, 14) *dar bayâni bandagî va nekî* , explication sur la dévotion et le bien, 15) *dar bayâni khûbî nekî*, explication sur la qualité des vertus, 16) *dar bayâni sabar va shukar*, explication sur la patience et la gratitude, 17) *dar bayân pîrî va marg*, explication sur la vieillesse et la mort, 18) *dar bayâni sifat nek sohbat va dostî*, explication sur la bonne compagnie et l'amitié, 19) *dar bayâni sohbat bad*, explication sur la mauvaise compagnie, 20) *dar bayân paichâni âdmî*, explication sur le discernement de l'homme, 21) *dar bayân fazîlati kam sukhan*, explication sur l'excellence de la taciturnité, 22) *dar bayân hasad*, explication sur la jalousie, 23) *dar bayâni himmat*, explication sur le courage.

Langue et forme

La langue du *Kalâm-i Maulâ* est un ourdou simple dans son vocabulaire et sa syntaxe. Elle se caractérise par une légère mixité, empruntée à, imitée de ou inspirée par la langue poétique des *ginâns*[124] qui sont des hymnes de dévotion propres aux communautés ismaéliennes du Gujarat, du Sind et du Panjab.

Comme nombre de poèmes didactiques de l'Inde du Nord[125], le *Kalâm-i Maulâ* consiste en strophes de deux distiques rimés AABB (AAAA en 88, 95, 103 et 107),

---

[124] Voir Shackle et Moir 1992 : 42-54.
[125] Voir Vaudeville 1959: 20.

aisément mémorisables et destinés à être chantées par les fidèles pendant les cérémonies religieuses (la strophe 185 recommande de chanter avec la plus belle voix). La régularité de la rime, qui ne porte que sur une syllabe et une forte césure, soulignée à l'écrit par le passage à la ligne, sont les seules régularités d'une métrique à la prosodie par ailleurs très souple, sans pieds définis ni nombre fixe de mètres (en général, douze à quatorze par hémistiche).

Le ton et le style du *Kalâm-i Maulâ* sont typiques de la poésie religieuse didactique. Le discours est essentiellement injonctif et exhortatif. Il s'agit d'inciter le lecteur à pratiquer la Voie, *tarîqat*, et à la faire pratiquer aux autres : " Montre aux gens le chemin de la Vérité, discerne le vrai du faux " (85.2). La tonalité d'ensemble est sentencieuse, l'expression prenant volontiers un tour gnomique : " La récitation du Qorân illumine le cœur " (90.1a) ; "La piété du sage est une grâce divine " (97.1a).

Les images et les métaphores aussi sont conditionnées par le sujet et le genre : le cœur est un bateau pris dans un tourbillon qu'il faut arrimer au rivage (47) ; les secrets divins sont des pierres précieuses (99) ; le monde est une maison de larmes (131), etc. Il en va de même de la rhétorique de l'argumentation, dont l'examen des strophes du chapitre 2 permet de se faire une idée.

Strophe 8 (1ab, 2ab)   *Bhâî ve terâ jâno jo kuch tujhe deve mâl*
nahîm bhâî ve hai terâ jo hove tere bâp kî âl
Il est ton frère celui qui t'aide matériellement
Il n'est pas ton frère celui qui descend de ton père

Strophe 9 (1ab, 2ab)   *Bhâî ve terâ jo sakhtî me rahe tujh sang sangât*
nahî bhâî ve terâ jo hove terâ ham zât
Il est ton frère celui qui est à tes côtés dans les moments difficiles

Il n'est pas ton frère celui qui est issu de ta caste

Strophe 10 (1ab, 2ab)   *Bhâî ve jo tujh kûm câve aur batâve nek kâm*
nahîm bhâî ve jo nasl bâp kî aur dubâve terâ nâm
Il est ton frère celui qui t'aime et te fait montre de bonnes actions
Il n'est pas ton frère celui qui descend de ton père et ruine ton nom

Dans chacune de ces strophes, le premier vers est affirmatif et le second négatif. Le premier fait état de ce qu'est la fraternité et le second de ce qu'elle n'est pas afin de mettre en relief ce qu'elle est. Par un jeu d'oppositions, le sens s'éclaircit. La mécanique rhétorique sert à renforcer l'affirmation d'une praxis de la fraternité, en tant qu'elle s'oppose à la fraternité héritée à laquelle ne participe pas le fidèle. Ainsi, au lien de sang qui légitime pour le commun des mortels le lien de parenté, notre texte propose d'abord le lien fondé sur le soutien matériel pour culminer enfin dans la fraternité fondée sur le lien spirituel. Et c'est à la strophe 11 (4ab) que nous est proposé le vrai sens du mot « frère » (*bhâî*) : *muhabbat maulâ kî râh sîdhî hai jo batâve so sâcâ bhâî* ("l'amour pour le Seigneur est le droit chemin, celui qui le montre est le vrai frère"). Ainsi, la progression rhétorique sert une progression spirituelle : pas à pas, étape après étape, station (*maqâm*) après station de la Voie.

Un autre trait de la rhétorique du *Kalâm-i Maulâ* mérite d'être souligné: c'est sa concision, explicitement préconisée par la strophe 291 pour l'expression orale, car il faut être précis et concis pour dévoiler le sens des dits mystiques. Ainsi, par exemple, alors que les textes du même genre – et de façon exemplaire le *Masnawî* de Rûmî – comportent nombre d'anecdotes auxquelles l'auteur se complaît, on n'en relève qu'une seule, très brève, dans le *Kalâm-i Maulâ*, à la strophe 83. Elle raconte que pendant qu'un ignorant méditait survint le démon (_shaitân_) qui lui donna la salutation de Dieu. Le démon avait apporté sept ânes et dit à l'ignorant: "Allons faire l'ascension céleste (_mi'râj_). Cette caravane (_bhejî_) est notre transport." L'ignorant se réjouit à cette parole et suivit le démon, qui lui fit faire le tour de la ville. La morale de la fable est que celui qui se satisfait des paroles est misérable.

Le *Kalâm-i Maulâ* dans le contexte des Khojas
Dans l'état actuel de mes recherches, je n'ai pu obtenir la moindre trace de l'existence de ce texte auprès des ismaéliens de culture arabe et persane, aussi vais-je donc le traiter dans le contexte des seuls Khojas, appellation par laquelle les ismaéliens sont généralement connus dans le sous-continent indien.

Le plus ancien manuscrit du texte remonte à 1816. Il est rédigé en khojki (écriture qui est propre aux Khojas ismaéliens) et il m'a été signalé par Nagib Tajdin de « The Heritage Society » à Montréal, Canada. Zawahir Moir mentionne une première édition lithographiée en écriture khojkî et gujarati datée de 1850, publiée pour la première fois en 1903 par Devrâj. C'est donc dans le contexte historique entre le 19ème et 20ème siècle que je peux situer l'arrivée du texte de *Kalâm-i Maulâ*.

Contexte historique des Khojas ismaéliens au 19ème siècle et au début du 20ème siècle

L'émigration de Perse et l'installation définitive en Inde en 1843 du 46ème Imâm Hasan 'Alî Shâh Agha Khan 1er (1804-1881) vont contribuer à la réorganisation de la communauté. Cette réorganisation est rendue nécessaire d'une part, parce que dorénavant le quartier général de l'Imâmat se déplace de la Perse en Inde et que d'autre part, la communauté va connaître un mouvement de dissidence qui est essentiellement lié aux problèmes identitaires et aux pratiques religieuses des Khojas. Il est fomenté à l'initiative de certains Khojas issus de la classe des grands marchands (les *sehtia*, patrons), des lettrés, qui remettent en cause l'autorité de l'Imâm dans la gestion de la communauté, refusent de payer la dîme (*dasond*) et affirment que les Khojas sont sunnis ou ithna asharis (duodécimains). L'Imâm, dans son exil, était accompagné par un millier de ses fidèles, connus par l'appellation de *khâlu* (oncle, cousin) dans le sous-continent indien qui pour des raisons de *taqiyya* (dissimulation, précaution) suivaient les mêmes pratiques religieuses que celles des shî'ites duodécimains, pratiques prescrites dans les *furû'-dîn* (les branches de la religion) à savoir l'ablution, la prière, le jeûne, le pèlerinage etc. Et les pratiques religieuses des Khojas étaient bien différentes.

La communauté va connaître des tensions qui vont culminer lors d'un célèbre procès appelé Agha Khan Case en 1866. En 1908, un autre procès va être intenté par la cousine de l'Imâm, Hâjjî Bîbî, qui revendique l'Imâmat pour son fils Samad Shâh, donc le droit de recevoir la dîme. Ces procès vont être générateurs de publications sur l'histoire identitaire et la culture des Khojas et vont élucider l'identité des Khojas comme étant des ismaéliens convertis par Pir Sadardîn.

Les traces du *Kalâm-i Maulâ* chez les Khojas

Chez les Khojas sunnis
Ludovic Gandelot m'a signalé avoir lu la mention du *Kalâm-i Maulâ* dans un livre qu'il a acquis pour ses propres recherches et dont il m'a fait parvenir une copie. Il a pour titre *An Account of The Khoja Sunnat Jamat* (un bilan de la Khoja Sunnat Jamat), publié à Mumbai en 1969. Le texte est en anglais. Au chapitre 8, consacré aux grandes familles issues de la Khoja Sunnat Jamat, et à la page 37, figure le nom des Damas dont l'arbre généalogique remonterait à Varia, une des familles royales du Cutch. Il est fait mention de Mohamed Dama comme un des fondateurs de la Khoja

Sunnat Jamat, un des plaignants au procès de l'Agha Khan en1866 et comme celui qui a aidé à la construction du *jamat khana* de Mumbai et de la mosquée des Sunnis Khojas. Il est cité comme l'auteur de *Maula-ka-Kalam* (les dits de Hazarat Ali). Je dois signaler une édition de 1920 qui porte le même titre de *Maulâ ke Kalâm*. La première page nous apprend que ce texte est la seconde édition, par les bons soins d'un "Serviteur de Dieu", à Mumbai, à l'imprimerie Surti Printing Press. La dernière page indique que cette édition est revue et publiée par Ibrahim Korjee à Mumbai pour un "Serviteur de Dieu."

Les renseignements pris auprès des responsables des Khoja Sunnat Jamat de Mumbai et notamment auprès de Yusuf Murad, une personnalité bien versée dans la tradition et qui a assumé pendant de nombreuses années la présidence de la communauté, pour me procurer un exemplaire de ce texte et savoir l'usage qu'ils en faisaient, furent infructueux. Ils m'ont répondu n'avoir pas entendu parler de ce texte et que de toutes façons, il était impossible d'en trouver la moindre trace. Si selon l'hypothèse que Mohamed Dama est bien l'auteur de *Kalâm-i Maulâ*, il doit alors l'avoir écrit avant sa dissidence car une des raisons du procès intenté contre l'Agha Khan I était la revendication des dissidents Khojas comme étant des sunnis. Et l'on ne peut nier au texte sa couleur shî'ite. Par ailleurs, on peut se demander pourquoi il ne l'aurait pas composé en gujurati ou en sindhi.

Chez les Khojas ithna asharis

La seule mention du *Kalâm-i Maulâ* que j'ai trouvée chez les Khojas ithna asharis se trouve dans la seconde édition de l'ouvrage en gujarati de Nanjiani Sachedina, publié par Edhalji Dhanji Kaba en 1918. Nanjiani Sachedina, qui était un Khoja ismaélien devenu ithna ashari, avait fait paraître une première édition en 1892. Elle a pour titre *Khoja Vrtânt*, que je traduis par « Aperçu, descriptif des Khojas ». Dans la deuxième partie du livre, au chapitre « La branche shia imâmî ismâ'îlî », à la page 50, il cite 11 strophes extraites du *Kalâm-i Maulâ*. Je donne la numérotation selon le texte que j'utilise pour mon travail comme suit : chapitre 10 (strophes 100, 101, 108), chapitre 13 (strophe 152), chapitre 14 (strophes 162, 184, 189), chapitre 17 (chapitres 245, 246), chapitre 23 (strophes 321, 327). Il ne donne aucune raison pour la citation de ces vers.

Ce livre est sans doute le premier dans son genre en gujarati à faire tout l'historique des Khojas, un véritable condensé de la culture des Khojas. A part cette brève mention des 11 strophes du *Kalâm-e Maulâ*, je n'ai pu avoir la moindre mention de ce texte chez les Khojas ithna asharis

Chez les Khojas ismaéliens

Le *Kalâm-i Maulâ* fait partie de ce que j'appelle les « Ecritures ismaéliennes de tradition vivante » qui sont la *du'â*, les *farmân*s (recueil des dits, injonctions des *imâm*s) et les *ginân*s. Ils sont régulièrement réédités, récités, chantés et lus. La composition de certains de ces textes dévotionnels sont dans le genre des madrigaux et des impromptus et fonctionnent comme les textes de missel. Ils sont destinés aux fidèles, et leur lecture, fortement recommandée, est considérée comme un acte de prière et de méditation.

LES INDICES QUI PERMETTENT DE QUALIFIER D'ISMAÉLIEN CE TEXTE

Référence à ce texte chez les Khojas

Comme je viens de le dire ci-dessus, nous retrouvons la référence à ce texte chez tous les Khojas qui revendiquent une origine ismaélienne. Par ailleurs, ce texte est régulièrement réédité chez les Khojas ismaéliens. Il constitue une tradition vivante. L'originalité de ce texte tient à ce que, d'une part, par son contenu, il se rapproche des *farmân*s, et à ce que, d'autre part, par sa forme poétique, il évoque les *ginân*s. Il est régulièrement chanté au *jamatkhana* (salle de congrégation) entre les deux prières (*du'â*) du soir, ainsi que lors des veillées funèbres. Comme pour les *farmân*s, il est demandé aux fidèles de dire la prière de bénédiction sur le Prophète et ses descendants (*salât*) avant le chant du *Kalâm-e Maulâ*. C'est au récitant de choisir les strophes du texte.

L'écriture khojkî
Ce qui caractérise les textes ismaéliens, c'est leur conservation jusqu'aux années 1920 dans l'écriture appelée khojkî. Cette écriture devint bientôt un instrument d'identité culturelle et religieuse, utilisée pour toutes les Écritures ismaéliennes. Son usage facile (sorte de sténographie) la rend accessible à tous et favorise la diffusion des textes tout en les préservant de l'extérieur. Conséquemment, elle devint l'indispensable outil de la pédagogie des Khojas ismaéliens. Ainsi l'école religieuse était jusqu'à récemment appelée en Inde « sindhi school ». A partir de 1920, les textes furent imprimés en caractères gujaratis. La khojkî resta enseignée jusque dans les années 1970, mais désormais, l'enseignement est donné dans les langues respectives des pays où sont établies les communautés ismaéliennes.

Contenu du texte
Un des thèmes récurrents qui revient dans les textes ismaéliens qu'ils soient en langue arabe, persane ou indienne, est celui de la résurrection de l'âme, c'est-à-dire la connaissance de soi qui est le principe fondateur de la quête spirituelle. Cette résurrection peut se préparer du vivant même de l'homme avant que n'advienne sa mort biologique. Les textes rappellent incessamment au fidèle les deux aspects de sa vie en ce monde : d'une part l'aspect matériel de sa vie qui est limitée dans le temps, vouée à la poussière et dont la tombe est la dernière demeure, et la vie de son âme qui seule est éternelle.

La strophe 224 décrit très bien le monde comme une prison pour un croyant et un lieu de paradis pour celui qui ne croit pas. On retrouve la même expression dans un des *farmân*s attribués à Imâm Sultân Muhammad Shâh, Agha Khan III (m.1957)[126]. Notre bas monde est ainsi présenté dans les textes comme un champ d'actions dans lequel l'homme peut s'épanouir ici-bas par la pratique des vertus sans perdre de vue l'au-delà. La pratique des vertus ou de la morale s'entend non pas dans le sens d'une convention sociale mais comme un héritage de l'enseignement d'un guide spirituel, en l'occurrence l'enseignement donné par l'Imâm et les *pîr*s pour ce qui concerne notre texte.

Ainsi tout le propos de l'auteur dans le *Kalâm-i Maulâ* insiste sur la réforme des mœurs viles et la pratique des vertus, à commencer par l'exercice du vrai dans les paroles comme dans les actes. Il compare le corps de l'homme à un royaume (strophes 123, 124, 125, 129). Un royaume géré par un usurpateur où l'injustice est vouée à la désolation et à la misère. Il en est de même pour la vie de l'homme. Si elle est gérée par son âme concupiscente (*man, nafs*, chapitre 7), source des mœurs corrompues et des cinq vices, appelés les cinq voleurs dans notre texte (strophes 125, 129), et qui lui susurre les passions viles, elle connaît alors la douleur et la dépression. Le thème des cinq vices (*panj bhu*) revient souvent dans les *ginân*s. Ces cinq vices sont : *kâm* (passion), *karodh* (colère), *lobh* (avarice, convoitise), *moh* (tentation) et *ahankar* (arrogance).

Domptée et convertie à la raison par la gnose (*'ilm*), initiée et dirigée par l'enseignement de l'Imâm et la pratique des bonnes œuvres en ce monde (le monde est un champs d'actions de bonnes œuvres qui sont la nourriture de l'âme, un acte de prière, strophes 25, 33), elle retrouve la paix. Par l'acte de générosité (*sakhâ'va*t, strophes 28, 33), le fidèle ne fait que répéter le geste de celui qui est infiniment généreux

---

[126] Sultân Muhammad Shâh 1950 : 104-105. Le texte est en gujarati.

et miséricordieux. Il participe ainsi à l'acte de création (strophes 25, 33). La générosité transmue le cœur (*dil*) jusqu'alors opaque en un miroir poli où se réfléchit l'éclat divin (strophe 178 *dil arîsa dîdârkâ*). C'est en débarrassant le cœur des souillures de ce monde que le fidèle fait l'expérience du *mi'râj* (strophes170-171), l'ascension céleste. L'expérience spirituelle culmine quand se réalise le *laghan* (strophe 172), les noces divines, où s'abolit la dualité de moi et toi et ne subsiste que Lui (strophe 327). La vraie ascèse consiste en la prière qui doit être dite dans la discrétion et l'intimité, méconnue de tous, et en la pratique des vertus qui vivifient l'âme. Les prières n'ont de sens que lorsqu'elles sont accompagnées de bonnes œuvres, les œuvres étant la seule expression extérieure.

Comme pour les *ginân*s où abondent des thèmes de résurrection et celui de la métaphore du corps humain avec celui de la cité, l'auteur met en co-relation le corps de l'homme et la cité. L'auteur semble être très imprégné des *ginân*s et des *farmân*s. Pour ce qui a trait aux thèmes de résurrection, je pense notamment aux *ginân*s *So kiriâ* (Les cent bonnes actions) de Pîr Sadardîn (15ème siècle), et *Suno suno momano sun man lâvanâ* (Ecoute, écoute, ô fidèle, et prêtes-y attention) attribué à Pîr Shams (14ème siècle). Ce dernier *ginân* est unique dans son genre car sa fabrication daterait du 19ème siècle[127]. Il est en hindustani, et son contenu, qui ne parle que de la résurrection, est très proche du *Kalâm-i Maulâ*. Il s'agit du dialogue entre le Prophète Muhammad et l'Ange Gabriel (Ange de la Révélation du Coran au Prophète Muhammad). Le Prophète demande à l'Ange Gabriel de lui indiquer le nombre de fois où il va venir en ce monde après lui. L'Ange Gabriel lui répond qu'il viendra dix fois, à chaque fois pour retirer une des vertus qui sont au nombre de dix : la grâce (*barakat*), l'amour (*mohobat*), la compassion (*rahemat*), la pudeur (*sharam*), la générosité (*sakhâvat*), la

---

[127] Voir Shackle et Moir 1992 : 25.

foi *(imân)*, la parole *(qau*l), la justice *('adl)*, la patience *(sabar)*, et le Coran. L'absence de ces dix vertus est le signe annonciateur de la Résurrection.

Pour ce qui a trait à la comparaison du corps humain avec celui de la cité, je pense aux *ginâns Prem pâtan râjâ mansudh* (Dans la Cité de l'Amour, l'Intellect est le Roi), *Es duniyâ de vic kiyâ ghin âeyâ* (En venant au monde, qu'as-tu apporté?) attribués à Pîr Shams et au *ginân* attribué à Pîr Sadardîn *Seth kahe tame sânbhalo vânotar* (Le patron dit : écoutez, mes employés).[128]

Sur les 327 strophes qui composent ce texte, je n'ai relevé que six strophes qui parlent des pratiques religieuses que n'observent pas les Khojas ismaéliens : les strophes 161, 162, 163 et la strophe 186 recommandent les cinq prières obligatoires *(namâz)* et le jeûne *(rozah)*. Les Khojas ismaéliens sont censés en principe observer le jeûne spirituel, et avoir une conduite vertueuse durant toute l'année.

La strophe 183 fait référence à la *zakât* et indique le montant annuel à payer qui est de 2,5%. Les textes indiens utilisent plutôt le mot *dasond* (dîme), et les textes persans, *dayâk* (dîme). Dans la strophe 146 au chapitre 13, l'auteur définit ainsi la *shâ'riat* : s'abstenir de voler, de pratiquer l'usure, de boire de l'alcool et s'éloigner des mauvaises mœurs. La strophe 205 qualifie les jeudi et samedi comme les jours bénis. Pour les shî'ites en général, la prière en congrégation le jeudi soir est important et on sait que Imâm Hasan 'Alî Shah, Agha Khan 1er, donnait audience et ses bénédictions à ses fidèles chaque samedi quand il se trouvait à Mumbai.[129]

---

[128] Shackle Moir 1992 :.63-67,102, 108, 116-121.
[129] Daftary 1990: 513.

CONCLUSION

Dans l'ensemble, il ne fait aucun doute que l'esprit du texte est ismaélien. Le message contenu dans le *Kalâm-i Maulâ* et le lexique technique qui l'exprime évoquent celui des *ginâns*, des écrits de Shihâb al-Dîn Shâh (m.1884)[130], et des dits de l'Imâm Sultân Muhammad Shâh, Agha Khan III (m.1957), qui sont en gujarati. Dans l'état actuel de mes recherches, le *Kalâm-i Maulâ* semblerait être un recueil des entretiens informels qu'un maître spirituel, qui pourrait être un des Imâms, aurait pu avoir avec ses fidèles ou ses sympathisants.

Quant à l'auteur, d'origine persane, il pourrait être un ismaélien *khâlu* (oncle) qui se serait familiarisé avec la culture religieuse des Khojas dont la base repose sur les *ginâns* et les *farmâns*. Ou bien, au vu des strophes 161, 162, 163, 183 et la strophe 186 qui recommandent les cinq prières obligatoires (*namâz*) et le jeûne (*rozah*), il pourrait s'agir d'un soufi appartenant à la *tarîqât* soufie ni'mat Allâhî étant donné les liens très étroits que les Imâms ont entretenus avec la *tarîqât* ni'mat Allâhî.[131]

---

[130] Shihâb al-Dîn Shâh (m.1884), fils aîné de Imâm Âqâ 'Alî Shâh, Aghâ Khân II (m.1885) écrivit un opuscule spirituel à l'attention des fidèles pour raffermir leur foi: *Risâlat dar haqîqat-i Dîn*, éd et trad par W. Ivanow *True meanning of religion*, éd. Shia Imami Ismailia Association for Tanzania, 1970. Il était désigné pour succéder à son père mais mourut prématurément.

[131] Daftary 1990: 517-518.

BIBLIOGRAPHIE

Allana, G.A., *Language Planning of Pîr Sadaruddin and use of Khojki character for Sindhi Language*. Article non daté et non publié.

Allana, G., 1984, *Ginân of Ismaili Pirs*. Karachi : H. H. Prince Agha Khan Shia Imami Ismailia Association for Pakistan.

Amir-Moezzi, M.A. et Jambet C., 2004, *Qu'est-ce que le shî'isme ?* Paris : Fayard.

An Account of the Khoja Sunnat Jamat, 1969, Bombay.

Asani, Ali S., 1996, "The Isma'ili *ginân* : Reflections on authority and authorship." In Farhad Daftary, (éd.). *Mediaeval Isma'ili History and Thought*. Cambridge : Cambridge University Press, pp. 265-279.

Babvani, A.M., 1962, *Marg Darchika*. Bombay, Ismailia Association for India.

Boga, Hassam, 1942, *Bahere Rahemat, farmans of Mowlana Sultân Muhammad Shâh*. Bombay, Ismaili Printing Press.

Boivin, Michel, 1997, "Quelques problèmes relatifs à l'histoire et à la tradition religeiuse des Khojas âghâkhânîs de Karachi et du Sindh", *Journal Asiatique*, tome 285, n° 2, pp. 411-472.

Chunara, A. J., 1951, *Noorum-Mubin, or The Sacred Cord of God. A glorious history of Ismaili Imams*, Bombay, Ismailia Association for India.

Le Qorân, 1967, Trad par D. Masson, Paris, Gallimard.

Daftary, Farhad, 1990, *The Isma'ilis: Their history and doictrines*, Cambridge, Cambridge University Press.

Daredia, N.G., 1983, *Pirono amr varso*, Bombay, Srimati Nurbanu Daredia.

Du'â, 1977, texte de prière en arabe avec transcription et traduction française phrase par phrase, Paris, ITREB.

Ivanow, Vladimir, 1948, *Collectanea*. Leiden : Ismaili Society, E. J. Brill. 110.

Ivanow, Vladimir, 1953, *Pandiyât-i Jawanmardi*. Leiden : Ismaili Society, E. J. Brill.

Ja'far, Qâsim, 1996, *Javâhir ginân* (les trésors des ginân).Karachi : ITREB.

Pîr Kabîrdîn, Hasan, 1992. *Uncâre kot bahû vecnâ* (la haute forteresse de Vircha). Ginân Sharîf, vol.2, Karachi, ITREB, p. 79.

Kalâm-i Maulâ, 1984, Karachi, Association Shîa Imâmî Ismâilî.

Nanjiani, Sachedina, 1918, *Khoja Vrtânt*, Amreli, Edhalji Dhanji Kaba.

Pîr Sadardîn, 1968, *Saloko nâno, 'ibâdat* (Des courts couplets sur la dévotion), Ginân Series, vol 2, Karachi, Ismailia Association for Pakistan, pp. 25-29.

Pîr Sadardîn 1994, *Dil nâ dagâ bande karnâ ho dûr* (Rejette au loin la trahison du coeur), Ginân Sharîf, vol.4, Karachi, ITREB, p. 41.

Sayyed Muhammed Shâh. 1992, *Ugmiyâ sohî din athmiyâ* (Le jour se lève te décline), Ginâne Sharîf, vol 2, Karachi, ITREB, pp. 52-53.

Shackle, C. et Moir, Z., 1992, *Ismaili Hymns from South Asia, an introduction to the ginans*, Londres, SOAS, University of London.

Pîr Shams, 1968, *Saloko moto, 'ibâdat* (Des longs couplets sur la dévotion), Ginân Series, vol.2, Karachi, Ismailia Association for Pakistan, pp. 3-5.

Pîr Shams, 1992, *Uncathi âyo bande nic kyu diyâve* (Tu viens de très haut pourquoi te préoccuper de ce bas-monde), Ginâne Sharîf, vol 1, Karachi, ITREB, pp. 1 & 54.

Shihabud-Din, Shâh, 1970, *Risâla dar haqîqat-i Dîn*, éd et trad par W.Ivanow, "True meaning of religion", Dar Es Salam, Shia Imami Ismailia Association for Tanzania.

Sultân Muhammad Shâh, 1950, *Kalâmé Imâmé Mubîn*, Bombay, Ismailia Association for India.

Surani, Iqbal, 2003, *Explication des vertus de la Connaissance dans le Kalâm-i Maulâ*, Paris, Jean Maisonneuve.

Vaudeville Charlotte, 1959, *Au cabaret de l'amour*, Paris, Gallimard.

Virani, H.K., 1951, *Farmânbardârî* (Obéissance), Vâ'iz Series, vol 3, Bombay, Ismailia Association for India.

6.

ISLAM ET IDENTITÉ COMMUNAUTAIRE CHEZ LES BOHRAS DE L'INDE[132]

Christelle Brun

Cet article a pour but de présenter une communauté spécifique, celle des Daudi Bohras[133]. Les Bohras, au nombre d'environ un million de membres, forment avec les Khojas les deux principales communautés de l'ismaélisme. L'ismaélisme se rattache à la branche chiite de l'islam et se trouve principalement localisé dans le sous-continent indien. La particularité de la religiosité bohra réside dans la dévotion envers la figure sacrée du chef religieux, le *Dâ'î*, successeur d'une lignée spirituelle propre à la communauté. L'actuel *Dâ'î*, Syedna Mohammed Burhanuddin, vit à Mumbai et multiplie les rencontres avec ses fidèles grâce au développement des technologies de communication et des moyens de transports. Les Bohras se trouvent donc plus fréquemment en contact avec leur chef religieux qui a réussi à prendre plus de place dans leur religiosité quotidienne. Tandis que les liens entre les fidèles et le pouvoir religieux

---

[132] Je remercie Michel Boivin pour sa relecture attentive et dont les remarques ont été essentielles dans la rédaction de cet article.
[133] Cet article s'appuie sur un travail d'enquête réalisé depuis mars 2004 à Bombay et au Gujarat, dans le cadre de la préparation d'une thèse. Ce travail est composé d'observations de la vie quotidienne d'une dizaine de familles bohras, d'entretiens auprès d'individus et de responsables religieux (*'âmils*, *mullahs*) et de visites aux principaux centres de pèlerinage. Ces sources de terrain sont complétées par des supports littéraires (livres et journaux) et vidéos transmis par la communauté.

sont renforcés, une contestation interne a remis en cause cette place prépondérante du chef religieux et ses pouvoirs étendus. La confrontation avec ce mouvement réformiste, mené par des intellectuels renommés en Inde, a débouché sur de nombreux procès dénonçant les nouvelles formes de l'autorité traditionnelle.

Plusieurs chercheurs se sont posés la question de la centralisation du pouvoir religieux bohra et des demandes réformistes. Que reflétaient ces crises du pouvoir religieux dans la situation des communautés ismaéliennes? Quelle version de l'ismaélisme fatimide utilisait le *Dâ'î* dans sa « guidance »[134]? Pour John Hollister[135], la confrontation entre le renforcement de l'autorité religieuse et les réformistes devait être, à terme, favorable aux seconds puisque ceux-ci demandaient une plus grande implication des Bohras dans les affaires sociales et financières de la communauté. La tendance, quelques décennies après, est plutôt à l'inverse puisque les rassemblements communautaires autour du *Dâ'î* n'ont jamais été aussi nombreux. La question est alors de comprendre, outre les moyens de contrôle, les modalités des relations entre les fidèles et le pouvoir religieux. Tandis que les écrits du *Dâ'î* ou de son entourage montrent une volonté d'islamisation des pratiques, les rituels semblent encore très ancrés dans l'environnement local. Après une présentation de la communauté et de l'accès à ses sources, nous analyserons les principaux rituels qui constituent la religiosité bohra afin d'en comprendre les dynamiques entre islamité et indianité, et le processus de cristallisation identitaire à travers la centralisation de l'autorité du *Dâ'î*.

---

[134] Wladimir Ivanow a consacré plusieurs articles à cette question dans le *Journal of the Bombay Branch of the Royal Asiatic Society*, 1933 et 1936.
[135] Hollister 1953.

UN REPLI IDENTITAIRE : CENTRALISATION DU POUVOIR, UNIFORMISATION ET CONTESTATIONS

Les Bohras forment donc une communauté endogame, parlant le gujarâtî et forte d'un nombre approximatif d'un million de membres. Localisés dans l'ouest de l'Inde (Gujarat, Malwa, sud du Mewar et Mumbaï), ils sont majoritairement des commerçants et se distinguent par une relative prospérité économique parmi les musulmans indiens[136].

Depuis le XIXe siècle, une diaspora s'est établie dans les Iles de l'Océan Indien et en Afrique de l'Est en suivant les opportunités de commerce[137]. On estime aujourd'hui à un quart le pourcentage de la communauté vivant en dehors de l'Inde. La majorité restant en Inde tend à s'urbaniser (le phénomène urbain est cependant certainement d'assez longue date dans l'histoire des Bohras). La tendance croissante depuis la seconde moitié du XXe siècle est de quitter les petites et moyennes villes du Gujarat pour s'installer près de leurs coreligionnaires dans les grandes villes industrielles de l'ouest de l'Inde. Ces migrations provoquent une dispersion géographique croissante dans cette communauté. Dans le même temps, les Bohras continuent à se concentrer dans des quartiers spécifiques, appelés *mohallas*. Les plus anciens sont

---

[136] Contrairement aux Bohras sunnites, plus nombreux et établis dans le sud du Gujarat, ils ne possèdent que très rarement des terres et sont peu impliqués dans l'agriculture. La communauté daudi bohra est plutôt spécialisée, tant en milieu rural qu'urbain, dans le petit et le moyen commerce. Elle se subdivise en branches commerciales, que l'on retrouve dans les patronymes. Les Bohras commercent dans différents secteurs en s'adaptant aux opportunités locales. On peut toutefois noter un nombre important de grossistes en produits industriels ou manufacturés, et de prêteurs d'argent. Ils sont peu présents dans le domaine de la bijouterie. Les rares bijoutiers bohras vendent uniquement à leurs coreligionnaires et sont souvent situés autour des centres de pèlerinage.
[137] Sur la communauté bohra de Madagascar, voir ci-dessous la contribution de Denis Gay.

situés dans les centres des vieilles villes près des bazars principaux où ils commercent. Traditionnellement, le magasin est situé en bas de la résidence de la famille élargie ou dans une rue adjacente. Les commerces bohras sont regroupés dans des rues par spécialités de métiers. Aujourd'hui, de nouveaux quartiers résidentiels se construisent également en périphérie des villes. Les nouveaux migrants se déplacent à l'intérieur du réseau de parenté pour s'installer près de leurs coreligionnaires. Ces quartiers sont reconnaissables par une architecture spécifique[138]. Ils comprennent également des bâtiments pour faciliter l'exercice de la vie communautaire: mosquée, *jâmât khânâ* (halls communautaires), écoles, voire cliniques. La création de *guest houses* (*musafir khânâ*) facilitant les déplacements des membres est à l'initiative du 46ᵉ *Dâ'î*, à la

---

[138] Les maisons sont groupées autour d'une rue et forment un *mohalla* (quartier ethnique). En plus des maisons, un quartier comporte généralement une mosquée, une *madrasa*, une *jamaat khaana* et d'autres bâtiments à fonctions communautaires. La mosquée est la plus importante institution qui symbolise comme un espace central de la vie publique et religieuse. Les maisons bohras peuvent être considérées comme une métaphore de leur système social. Les configurations spatiales doivent répondre aux concepts de la séparation des espaces publics et privés, à la nécessité d'une zone intermédiaire, etc. Les maisons ont par conséquent souvent une plate forme d'entrée (*otla*) surélevée vis-à-vis du niveau de la rue, une première pièce de réception (*deli*), une cour intérieure (*avas*), et à l'arrière, parfois à l'étage, une ou plusieurs chambres (*ordo*). L'architecture en bois pour la décoration des façades, une tradition gujarâtî, se trouve très utilisée dans les *mohallas* bohras. Elle se distingue toutefois de celles des autres Gujarâtî, par l'attention portée aux multiples petites fenêtres permettant la ventilation, aux volets et balcons (ne laissant pas entrevoir l'intérieur), aux portes et à l'utilisation fréquente des couleurs industrielles pastel. L'art architectural bohra atteint son apogée dans les villes de Sidhpur et d'Ahmedabad, où les commerçants ont fait fortune en se positionnant comme intermédiaires avec le négoce extérieur. Plusieurs éléments intérieurs sont communs aux maisons bohras: la présence d'une pièce d'eau à l'entrée, une niche dans la pièce principale conservant la jarre d'eau (*mutka*), et enfin l'absence relative d'ameublement. Voir Doshi 1986, Zoyab 2000 et Desai 1989.

fin du XIXe siècle[139]. L'histoire des Bohras, ces deux derniers siècles, suit des processus similaires à celles des autres castes marchandes gujarâtî: migrations, nécessité d'organisation interne, facilitant la circulation des personnes, des biens et des femmes et mouvements de réformes urbaines[140]. Chez les Bohras, il est difficile toutefois de distinguer la conscience de caste de la conscience d'une communauté religieuse particulière. Les Bohras emploient eux-mêmes les deux termes «caste» (*jâtî*) et «communauté» (*qawm*). Cela laisse à penser que la caste marchande aurait des distinctions de secte religieuse, comprenant les mêmes délimitations. Dans les entretiens, les Bohras refusent même l'existence de sous-castes qui les régiraient.

La communauté bohra constitue avec les Khojas les deux branches principales de l'islam chiite ismaélien. La particularité de l'ismaélisme repose dans la croyance en un *Imâmat*, c'est-à-dire dans la continuité d'intercesseurs religieux depuis le Prophète. Tandis que les chiites duodécimains reconnaissent la succession de douze *Imâms* après le Prophète, les ismaéliens conçoivent la continuité de cette chaîne spirituelle jusqu'aujourd'hui. La théologie ismaélienne admet des cycles de Prophètes, chacun venant apporter une Révélation et une nouvelle Loi (*sharî`a*), complétant ainsi celles des prédécesseurs. La foi est catégorisée en deux aspects : exotérique (*zâhir*), comprenant la Loi et les textes révélés par les Prophètes et ésotérique (*bâtin*), comprenant les aspects philosophiques du Livre. Le *ta'wîl* (l'exégèse) est gardé dans le secret par les guides religieux (les *Imâms* puis les *Dâ'îs*), qui se succèdent pour diriger les fidèles. Chez les ismaéliens, il y a donc une lecture particulière du message coranique : tandis que la majorité des musulmans considère le texte religieux comme achevé, les

---

[139] Th. Timberg observe à la même époque la création de *guest houses* pour faciliter les déplacements chez les Marwaris. Voir Timberg 1978.
[140] Vidal et Cadène 1997. Sur les mouvements de réformes durant la période coloniale et post coloniale, voir Pache Huber 2002.

ismaéliens conçoivent que seul l'exégète (Ali, puis les *Imâms* et *Dâ'îs*) peut en éclairer tout le sens.

Au cours de son histoire, l'ismaélisme a connu des segmentations successives (Boivin 1998). Hégémonique durant l'Empire Fatimide, il s'est divisé en deux branches distinctes: les nizârites (appelés aujourd'hui Khojas) et les mustâlites (Bohras), au XIe siècle[141]. A partir de cette même époque, la présence de premiers missionnaires ismaéliens dans le Sind et le Gujarat est attestée. Les conversions à l'ismaélisme ont pu être graduelles mais on sait qu'à partir du XVe siècle, le fait ismaélien était essentiellement sud-asiatique. L'ismaélisme, jusque là implanté au Yémen, en Egypte et en Perse, s'était déplacé dans le nord-ouest du sous-continent indien. Les Daudi forment la branche principale de l'ismaélisme bohra; cependant une dizaine de sous-sectes se sont détachées au fil de l'histoire, à la suite de litiges de succession du pouvoir religieux[142]. Elles se sont formées en communautés autonomes, endogames et ont leur propre succession de chefs religieux.

La spécificité de l'ismaélisme bohra repose sur la figure sacrée du *Dâ'î*. Les Bohras considèrent qu'il est en relation avec l'*Imâm* grâce au *nass*, ce qui lui confère les pouvoirs de guide spirituel. Son exceptionnelle hégémonie spirituelle a toutefois été renforcée au cours du XXe siècle, lorsque les 51e et 52e *Dâ'îs* en ont redéfini les pouvoirs. Sur le plan

---

[141] A partir de la fin du IXe siècle, une dynastie ismaélienne va prendre le pouvoir, à partir de la nouvelle capitale de Mahdiya (Tunisie). En 969, le troisième calife fatimide al-Mu'iz conquiert l'Egypte et fonde le Caire. La dynastie fatimide régnera à partir du Caire jusqu'à la moitié du XIIe siècle.

[142] Cette communication ne s'intéressera qu'à la communauté Daudi Bohra, qui constitue toutefois la majorité des Bohras. Les autres petites sectes endogames, Suleimani Bohra, Alavi Bohra, Sunni Bohra vivent également au Gujarat où elles observent leurs propres coutumes religieuses et sociales. Elles suivent des lignages religieux propres et ne font pas allégeance au *Dâ'î* des Daudis, Syedna Mohammed Burhanuddin.

théologique, le *Dâ'î* était auparavant considéré comme *kal ma'sûm*, c'est-à-dire vice-régent durant la période de réclusion de l'*Imâm* ; il est aujourd'hui déclaré *ma'sûm* avec le même degré de perfection et d'infaillibilité que l'*Imâm* (Boivin 1998 et Engineer 1980). Son autorité de guide s'étend à tous les domaines de la vie des membres de la communauté qui nécessitent sa permission pour chaque entreprise. Le renforcement de l'autorité passe par une restructuration et une redéfinition des institutions de la communauté, par le biais d'arguments dits « traditionnels ». Jonah Blank écrivait à propos du maintien de l'hégémonie spirituelle et politique du *Dâ'î* : « Les structures de la Dawat et le noyau de la doctrine fatimide sont restés intacts jusqu'aujourd'hui (…). Cette doctrine suivie fermement par les dévots et prêchée avec zèle par le clergé est à la base de l'hégémonie du Dâ'î » (Blank 2002 : 163).

L'appartenance religieuse n'est pas héritée à la naissance et l'individu doit consentir à l'adolescence à accepter la guidance du *Dâ'î* (*mîsâq*). Par ce vœu d'allégeance, il reconnaît la pleine autorité religieuse et séculière du *Dâ'î* auquel il se soumet. Le serment doit être prononcé par chaque membre à la puberté, il est renouvelé chaque année et engage à l'obéissance absolue au *Dâ'î*. Celui qui s'y soumet reconnaît également qu'en cas de désobéissance, il sera exclu de la communauté (*baraat*) et sera totalement ostracisé socialement. Tous les biens des individus ostracisés retournent au *Dâ'î* qui est le « propriétaire » de l'esprit, des biens, du corps et de l'âme de ses disciples. Les réformistes allèguent que la forme courante du *mîsâq* a été manipulée par le 51e *Dâ'î*. En effet, un autre texte daté du XIIe siècle, écrit en arabe, est tenu pour être la vraie forme de *mîsâq*. Les différences entre les deux documents sont frappantes.

L'ancienne forme aurait été altérée dans un but de rigidifier les pratiques et de renforcer l'autorité du *Dâ'î*[143].

Le contrôle dans la communauté ne repose pas uniquement sur les menaces d'excommunication, il s'accompagne de la mise en place d'une structure administrative organisée. Chaque quartier où vit un nombre notable de Bohras, en Inde comme à l'étranger, a désormais un centre administratif (*anjumân*) qui opère sous une Constitution unique.

L'administration centrale est à Mumbaï, elle informe des directives et gère la trésorerie principale. Elle gouverne les 215 centres administratifs bohras en Inde et les 75 centres dispersés dans le monde (Abdulhussein 2001). Chaque *anjumân* est dirigé par un *'âmil*, appointé par le *Dâ'î* et désigné pour trois ans, qui devient le président du comité local. Il gère la vie sociale, les affaires religieuses, les conflits internes et contrôle le bon fonctionnement de la communauté locale. Le *'âmil* et ses administrateurs veillent à un maintien des pratiques religieuses bohras. Il est relayé par des associations féminines dénommées *Burhani Women* qui organisent les manifestations sociales et religieuses. Les comités locaux supervisés par les *'âmils* octroient des certificats d'orthopraxie annuels et individuels. Cette carte a été mise en place pour excommunier les dissidents. A ce sujet, Blank indique que « Le contrôle politique et religieux repose sur la pression sociale et la persuasion. La menace de baraat (ostracisme social) est une vraie dissuasion de révoltes. La mobilité géographique et l'anonymat de la vie

---

[143] *Dawoodi Bohras Commission* (Nathwani Commission), mai 1979. La commission Nathwani s'est rassemblée entre 1979 et 1981 après une plainte déposée auprès de l'organisation des citoyens pour la démocratie, par des Bohras réformistes pour « persécutions pratiquées par le chef religieux, Syedna, sur eux ». Elle a débattu sur les points controversés de la communauté bohra: le statut de l'autorité religieuse, ses droits notamment en matière sociale (excommunication), juridique (les constitutions internes) et financières (revenus, impôts et propriétés).

moderne ont amené la Dawat à réfléchir sur des nouveaux moyens de contrôle ; ainsi fut mis en place le certificat d'orthopraxie »[144].

Des mesures visant à une distinction communautaire ont été prises depuis une vingtaine d'années. Ainsi, le port d'un vêtement spécifique (*ridâ* pour les femmes, *kurta* blanche pour les hommes) a été imposé il y a vingt ans. Depuis la même période, le chef religieux interdit tout prêt avec intérêts (*ribâ*) contracté par les Bohras auprès des banques. Il valorise en contrepartie, les institutions bancaires communautaires (*Qardan Hasana Trust*) qui proposeraient des prêts sans intérêts (Abdulhussein 2001). En fait, ces institutions bancaires fonctionnent sur la même base que les prêts d'argent traditionnels indiens, nommés *hundis*. Elles mettent en réseaux des prêts venant des différents membres de la communauté qui passent par l'intermédiaire de cette institution. Cette dernière mesure, assez importante dans cette communauté commerçante, signale un repli financier sur la caste. D'autres castes commerçantes indiennes ont également leur propre système de circulation interne de l'argent, mais la particularité actuelle des Bohras réside dans leur organisation très centralisée et contrôlée par une institution religieuse. Cette dernière désigne par des termes religieux (désintéressement des prêts communautaires, valorisation des

---

[144] Voir le chapitre VI sur « Les technologies de communication comme instrument de cohésion sociale » dans Blank 2002. La carte d'identité bohra mise en place ces dernières années comprend trois catégories: verte, jaune ou rouge selon le degré d'orthopraxie évalué sur chaque personne. Ces certificats sont demandés lors des rituels qui ponctuent la vie des Bohras. Le choix annuel de la carte vient du jugement du *'âmil*. L'établissement d'une carte individuelle et l'informatisation des données de chaque comité local montrent une instrumentalisation des technologies de communication, dans un but de renforcement du contrôle. Pour un contrepoint à l'ouvrage de J. Blank, voir M. Boivin (2002), « Compte rendu de l'ouvrage *Mullah on the Mainframe* », *L'Homme*, 162, pp. 325-330 et R. Ghadially (novembre 2002), « Compte rendu », *H-Gender-MidEast : Humanities and Social Sciences Online*.

dons et du service rendu à la communauté ou accumulation de mérites spirituels) la conformité à ces principes et l'acquittement des impôts. Tandis que le *Dâ'î* distribue des bénédictions et guide ses fidèles, ceux-ci doivent contribuer en efforts financiers. L'ensemble permet la fondation d'établissements communautaires: écoles, hôpitaux, mosquées, centres de pèlerinage, prêts qui montrent une certaine aisance financière et répondent aux attentes des Bohras.

Dans cette communauté marchande, les affaires financières restent un sujet épineux. C'est en effet en collectant une variété de taxes et d'amendes « islamiques » puis en imposant un système centralisé de prêts, que le *Dâ'î* a réussi à étendre son pouvoir au-delà de la sphère spirituelle. A. A. Engineer note dans son ouvrage sur les Bohras que le pouvoir financier du *Dâ'î* s'est constitué au début de ce siècle (Engineer 1980). Des négociants bohras, en contact avec les Européens, reversaient de l'argent pour des œuvres charitables ou éducatives et cherchaient à acquérir une autonomie politique vis-à-vis du *Dâ'î*, dont l'autorité religieuse était remise en question. Les initiatives personnelles aboutirent à des oppositions avec le pouvoir religieux et des procès coûteux. Dans cette lutte contre les riches négociants bohras, le *Dâ'î* concentra son emprise financière en contraignant les membres fortunés à transférer en son nom leurs donations religieuses et en se déclarant propriétaire des *waqf*[145]. Ainsi redéfini, le *Dâ'î* n'était plus seulement le guide spirituel de la communauté, mais également le grand propriétaire dont les liens avec les membres continuent de s'apparenter à des transactions marchandes.

---

[145] Le *waqf* signifie étymologiquement « l'emprisonnement d'un bien légué ». Cet acte institue une fondation pieuse, un bien de main-morte dont l'usufruit est concédé à perpétuité à une œuvre religieuse, charitable, ou d'utilité publique.

Pourtant, cette centralisation du pouvoir s'est accompagnée de mouvements de contestation organisés appelés 'réformisme'. Ce mouvement, né à la fin du XIXe siècle, a été particulièrement actif dans les années suivants l'indépendance de l'Inde. La contestation porte sur la définition de l'autorité du chef religieux et remet en cause ses pouvoirs plénipotentiaires. Le mouvement réformiste, basé à Udaipur et à Mumbaï, a cherché à porter la contestation devant les tribunaux et sur la scène politique indienne. Il demandait l'intervention de l'Etat pour légiférer contre les nouvelles mesures prises par le *Dâ'î* pour accroître son pouvoir : vœu d'allégeance, excommunications, taxes... Il est possible toutefois que le mouvement réformiste ait été un moteur dans le processus de centralisation des pouvoirs du Dâ'î. Celui-ci a en effet utilisé la « menace réformiste » pour renforcer son contrôle : toute personne sympathisant avec des idées réformistes serait excommuniée.

La contestation trouve particulièrement écho dans la population bohra en ce qui concerne les affaires financières et notamment la demande de clarification des finances communautaires. Lors des entretiens informels avec des familles bohras, les doutes concernant les affaires financières reviennent toujours et mènent à un questionnement sur leur autorité religieuse. Pourtant, selon les sources récentes des réformistes, seulement une centaine de familles feraient activement partie de la contestation[146]. *A contrario*, on observe depuis une vingtaine d'années une recrudescence de la participation aux rassemblements, lors de grands rituels comme Muharram. Depuis deux décennies également, le chef religieux a entrepris un programme de constructions ou de rénovations des mosquées dans chaque quartier bohra et les donations n'ont jamais été aussi nombreuses[147].

---

[146] Entretiens et notes de terrain, Bombay, 2006.
[147] La restauration ou la construction de mosquées est visible dans les quartiers bohras. Les journaux communautaires, écrits en gujarati mais comprenant également des parties en anglais, donnent des indications sur

Un problème d'accès aux sources

Il est difficile d'avoir une perspective historique sur les Bohras et les recherches ne peuvent faire état que de la tradition telle qu'elle est vécue de nos jours. En effet, peu de sources permettent encore de comprendre comment cette religiosité s'est implantée au Gujarat et quels ont été ses processus de structuration jusqu'aujourd'hui. Les archives du Gujarat, conservées principalement à Mumbaï, contiennent des indications sur les Bohras à partir des récits de voyageurs européens dès la fin du XVIe siècle. Elles informent particulièrement sur les pratiques marchandes de la communauté dans les ports de Surat ou de Cambay[148]. Les renseignements sur la vie religieuse et culturelle bohra restent toutefois disparates et limitées. La plus grande source d'informations pourrait venir de l'Université bohra de Surat où sont archivés des documents historiques et des livres anciens de la communauté depuis l'époque fatimide[149]. Cependant, l'accès à ces documents est restreint à quelques étudiants bohras, ce qui correspond à une politique de rétention de l'information s'appliquant avant tout aux

---

ces programmes architecturaux. Dans *Badre Muneer Monthly*, Mai 2004, Rajkot, l'article de R. Mustafa « A story of faith » explique comment un vaste programme de constructions de mosquées, financé par les Bohras locaux, a été lancé à Mombasa (Kenya), à la fin des années 1990.

[148] Sur le rôle des Bohras dans les activités marchandes de Surat et de Cambay à l'époque pré-coloniale, voir Das Gupta 2004, Arasaratnam 1994 et Roques et Berinsta 1996.

[149] L'université bohra à Surat, Al-Jamea-tus-Saifiyah, a été fondée par le 43e *Dâ'î* en 1814, afin d'enseigner à une élite la littérature et les sciences religieuses. Cette institution a depuis été rénovée par le 51e *Dâ'î*, au début du XXe siècle. Elle bénéficie aujourd'hui d'une grande autorité religieuse dans la communauté, puisqu'elle forme les représentants du *Dâ'î*, les '*âmils*, qui gèrent les affaires sociales et religieuses. Au sujet de cette institution et de sa bibliothèque, voir Esposito 1995, Ivanow 1936, Lokhandwalla 1955 et Abdulhussein 2001.

membres de la communauté. Les seuls écrits contemporains sur la communauté proviennent de l'entourage du chef religieux, le *Dâ'î*, c'est-à-dire des membres de sa famille ayant reçu une éducation religieuse à l'Université de Surat. Ils reçoivent la permission (*raza*) d'écrire sur l'histoire ou la philosophie bohra. Les ouvrages ont principalement pour thème l'histoire fatimide des Bohras, ce qui laisse plusieurs siècles d'histoire indienne inconnue. Ils focalisent également sur l'hagiographie du *Dâ'î* actuel et de son père. Ces ouvrages sont nécessaires pour comprendre la politique actuelle de l'élite de la communauté. Cependant, comme l'écrivait Satish Misra en 1964 : « Les sources à disposition sont le plus souvent unilatérales et laissent le problème posé mais non résolu »[150]. Les sources restent très institutionnelles, voire contrôlées par une instance politico-religieuse forte et leur aspect unilatéral pose problème; d'autant plus qu'elles sont contestées par la branche dissidente de la communauté[151].

---

[150] Henry Corbin notait au sujet des Bohras: « Les Khojas, plus libéraux, sont prêts à publier des textes pour faire connaître l'ismaélisme. Malheureusement, tous les manuscrits sont en possession des Bohras, qui continuent d'observer une telle discipline du secret que, sur les quelques sept cent soixante-dix titres recensés par le regretté W. Ivanow (y compris les textes druzes), seules quelques dizaines d'ouvrages ont été accessibles aujourd'hui », cité dans Moncelon 1995.

[151] Le chef du mouvement réformiste, A.A.Engineer, est un intellectuel prolifique qui a écrit de nombreux ouvrages sur sa communauté comme sur les autres communautés musulmanes indiennes. A. A. Engineer dirige un centre d'études à Bombay sur l'islam et le sécularisme. Il est un sociologue reconnu pour ses nombreux ouvrages sur les communautés musulmanes dans le sous-continent indien, le communautarisme, la politique indienne de protection des minorités et le sécularisme. Lui-même bohra (son père était *'âmil*), il a été excommunié très jeune et mène depuis un combat pour la reconnaissance des droits fondamentaux dans la communauté bohra. Le mouvement réformiste, très actif dans les années 1970-1980, tend aujourd'hui à perdre en influence.

Ces problèmes de sources, c'est-à-dire l'accès réduit au savoir sur la communauté, nous ont incité à préférer les terrains longs et les entretiens non directifs auprès de familles bohras. La présente contribution fait suite à plusieurs terrains à Mumbai (mars à juin 2004 et mars à juillet 2005) ainsi qu'au Gujarat (mars à mai 2006), dans le cadre d'un DEA puis d'un Doctorat d'Anthropologie sociale. Les difficultés auxquelles ces terrains ont confrontées reflétaient elles-mêmes un contexte social et politique particulier marqué par la tradition du secret chez les Bohras, les contrôles, la méfiance générale suite aux dissidences réformistes. La méthode adoptée fut alors de privilégier les enquêtes auprès de Bohras éloignés du pouvoir central, c'est-à-dire ni proches de la famille du *Dâ'î* ni proches des réformistes, ce qui constitue la majorité de la communauté. La visite régulière d'une dizaine de familles dans leur espace domestique, en laissant libre cours aux conversations, a permis par la suite l'accès aux rituels et aux espaces religieux communautaires, jusque là peu autorisés aux non Bohras. Le but visé était de confronter les écrits émanant des institutions communautaires avec le vécu et le discours des membres de la communauté.

Il en ressort un double discours. Tandis que le pouvoir religieux utilise un langage très islamisé et de plus en plus arabisé pour faire référence à une culture religieuse conforme à l'époque fatimide, la tradition vécue par les Bohras reste très ancrée dans l'environnement indien. Le pouvoir bohra, soit l'entourage du *Dâ'î*, entend contrôler ces pratiques sans s'opposer véritablement à leur « indianité ». On trouve toutefois peu de références à la religiosité quotidienne ou aux rituels du cycle de vie dans les textes de l'élite religieuse. La religiosité populaire, c'est-à-dire la tradition vécue et appropriée par les membres, ne faisant pas l'objet de publications ou de discours officiels, n'apparaît alors que sur le terrain.

Il est difficile d'analyser l'articulation entre l'islamisation mise en avant et l'indianité des pratiques et croyances des membres, soit le jeu des relations entre le centre de décision bohra et leurs applications par la majorité des fidèles. La politique d'islamisation est attestée notamment par l'utilisation de plus en plus fréquente de termes religieux arabes[152], l'imposition ces vingt dernières années d'un uniforme d'essence musulmane, l'interdiction du prêt avec intérêts et plus largement la prohibition de certaines fêtes hindoues auparavant célébrées par les Bohras[153]. Selon les Bohras, le *Dâ'î* essayerait régulièrement de réformer les rituels du mariage pour leur enlever certains éléments indigènes. Plusieurs livres à usage interne donnent comme modèle les procédures du mariage entre le *Dâ'î* actuel et sa femme qui suivraient plus conformément les principes de l'ismaélisme fatimide.

Cependant, le *Dâ'î* ne s'oppose pas radicalement à la religiosité populaire, d'autant que celle-ci est très marquée par la dévotion rendue à la chaîne de succession des *Dâ'îs*. Au contraire, son hagiographie le montre comme le protecteur et le garant de la continuité d'une culture particulière bohra. Les photographies du *Dâ'î* illustrant les sites Internet et les journaux communautaires le montrent souvent lors des principaux rituels de la communauté. Les images les plus répandues sont celles du *Dâ'î* donnant sa bénédiction aux Bohras, acceptant de la nourriture offerte

---

[152] Les Bohras utilisent habituellement un langage appelé *lisan-e Dawat*, qui est une forme de gujarâtî arabisé. La prière est toujours dite en gujarâtî dans les mosquées, cependant des termes religieux sont remplacés par un lexique plus arabisé. A ce propos, de nombreux bohras disent ne plus très bien comprendre les propos du *Dâ'î* lors des rassemblements religieux (*majlis*) ou des sermons (*waez*). Une politique d'instruction religieuse a été remise en place ces dernières années, par le biais de la création d'écoles religieuses (*madrasas*) qui complètent par des cours du soir l'éducation séculière.

[153] Le 51e *Dâ'î*, Syedna Taher Saifuddin a interdit la célébration de *Diwali*, qui marquait jusque là le commencement de la nouvelle année fiscale et l'ouverture d'un nouveau cahier de comptes chez les commerçants bohras.

dans un *thali* collectif, priant auprès de la tombe de son père ou recevant la prière (*salâm*) de fidèles l'honorant avec un plateau contenant des noix de coco et des feuilles de bétel. Rehana Ghadially, une sociologue bohra, analyse les relations entre le pouvoir religieux et les fidèles en termes de « négociation implicite et constante »[154].

Selon ses recherches, d'après le point de vue des Bohras, les rituels sont un instrument par lequel une identité sectaire unique est maintenue et une cohésion achevée. La négociation s'opérerait entre forces réformatrices (demandes d'éducation séculière, d'abolition de la polygamie ou du divorce unilatéral) et forces orthodoxes (revivalisme religieux), les deux influençant la politique du chef religieux. Elle s'opérerait également entre les réformes néo-traditionalistes visant à accroître la sacralité du *Dâ'î* et à promouvoir une tradition dite fatimide, et les pratiques indigènes de la communauté. Il en résulterait une perte d'autonomie des Bohras dans les affaires sociales, religieuses et politiques de la communauté.

LA VIE RELIGIEUSE BOHRA : UNE DÉVOTION RENDUE AUX SAINTS DE LA TRADITION

Les rites annuels

La caractéristique principale de cette religiosité est la dévotion rendue à Dieu, à ses Prophètes, aux *Panjatan Pak*[155], aux *Imâms* et aux *Dâ'îs*. Les principales fêtes

---

[154] « Les relations entre le clergé et les femmes est une implicite et constante négociation qui affecte les vies de ces dernières. La nature de la résistance et du compromis entre les deux donnerait des informations sur la façon dont les femmes peuvent préserver l'autonomie de leurs rituels et les limites du contrôle clérical sur les observances religieuses » (Ghadially 2003a: 309-321).
[155] Le terme « Panjatan Pak » signifie « les cinq purs » et désigne les membres saints de la famille prophétique: le Prophète Mohammed, son

religieuses célèbrent un évènement important de la vie d'un des saints du lignage religieux de la communauté. On citera en particulier leur naissance, leur mariage et leur mort, voire leur martyre. Plusieurs mois du calendrier bohra portent le nom d'un des « cinq purs » : le « mois de Ali » (*rajab*), le mois du Prophète (*rabi al awwal*), le « mois de Fatema » (*jumada al awwal*) célébrant leurs anniversaires, ou le « mois de Hussein » (*muharram*) célébrant son martyre lors d'*Ashura*. En plus de la date auspicieuse (le jour de l'anniversaire ou du martyre), le mois entier est célébré par des prières ou des rassemblements de prières commémorant la figure sainte. Des repas communautaires (*thal bhavarno*) sont financés par les Bohras, en particulier le jeudi soir et le vendredi midi, pour la commémoration d'un des membres de la sainte famille. Lors de ces rassemblements alimentaires, pouvant se dérouler aussi bien dans l'espace communautaire que dans l'espace domestique, des sucreries (*mithi sitabi*) sur lesquelles la prière a été dite (*du'a*) sont distribuées au début du repas pour signifier la présence et la bénédiction du saint.

Ces dates marquant un événement important de la vie d'un des membres de la famille sacrée prophétique sont particulièrement propices pour se rassembler et pour émettre des vœux personnels. Pour les femmes, la commémoration du mariage de Fatema ou dans une moindre mesure, celle du mariage du présent *Dâ'î*, permet d'émettre des vœux de bien-être familial. La commémoration des martyres est également

---

cousin germain et beau-fils Ali, sa fille Fatema et ses deux petits fils Hasan et Hussein. Les Bohras vouent une dévotion toute particulière à cette famille sacrée. Par exemple, le nom des 'cinq purs' se retrouve inscrits dans les maisons ou voitures et dans les mosquées, afin de porter bonheur et chance. Les mariés portent le nom des Panjatan Pak sur leurs habits et sur un médaillon, afin de placer leur mariage sous de bons auspices. Les Bohras ne sont pas les seuls à vénérer les Panjatan Pak, cette dévotion est également connue dans des confréries soufies du sous-continent, ainsi que dans les autres groupes chiites.

une opportunité pour demander l'aide divine face à des difficultés de toute ordre.

A travers toutes ces requêtes et signes de piété, la vie religieuse bohra valorise l'action collective, c'est-à-dire les prières, les repas ou la récitation du nom de Ali (*tasbi*) opérés collectivement. Signe de cohésion, les repas communautaires (*thal bhavarno*) sont partagés dans des grands *thalis* (plateaux en inox) communs, posés à même le sol et regroupant chacun huit ou neuf personnes. Dans les *jamaat khaana* (halls communautaires), la nourriture est servie par des volontaires bohras (acte valorisant la notion de service)[156]. Les prières dans les mosquées se font sur des tapis personnels (*massalaa*), en coton blanc pour les hommes et coloré pour les femmes. Ces tapis doivent se toucher pour former une continuité. Ainsi faite, la prière collective, qui a toujours pour objet d'honorer et de montrer la dévotion à un des *Panjatan Pak* et à un des *Dâ'îs*, est dite décuplée par le mérite de l'action collective.

La dévotion est exprimée par des chants (*marasiyahs*) qui narrent des épisodes de la vie du personnage saint à qui on fait honneur. Les *qasidas* sont des longs poèmes, tandis que les *nassihats* sont des conseils donnés à partir des exemples de la vie du *Dâ'î* actuel, de son père et prédécesseur ou des membres de la famille du Prophète[157]. Ils sont chantés lors des rassemblements religieux (*majlis*) par le *Dâ'î* ou par ses

---

[156] La nourriture servie dans les *jamaat khaana* n'est cependant jamais cuisinée par les Bohras eux-mêmes. Les Bohras font appel à des castes de service pour leurs confections : bouchers ou traiteurs musulmans liés par des contrats réguliers à la *jamaat khaana*.

[157] B. Jani, montre dans son ouvrage *Oral traditional literature of Gujarat* que les *nassihats* bohras suivent des structures similaires avec certains chants et poèmes hindous dévotionnels. Le thème majeur des *nassihats* est la dévotion rendue au guide spirituel. Ils décrivent sa gloire et sa grandeur, et mettent en perspective le salut du fidèle à travers l'obéissance et l'amour rendus aux *Dâ'îs*. Voir Jani 1996. Cette analyse des *nassihats* bohras rejoint en plusieurs points celle sur les *ginans* de la tradition khoja, voir Shackle et Moir 2000, Esmail 2002 et Offredi 2000.

représentants, les *'âmils*. Les *marasiyahs* sont chantés par des Bohras ayant appris les méthodes de la récitation dans les écoles religieuses (*madrasas*).

La vie des saints de la communauté rythme celle des Bohras en scandant l'année de rituels religieux successifs. Le nouvel an est célébré lors du premier jour de Muharram (*pelli raat*), qui réunit les membres de la sphère familiale autour d'un *thali* commun. Ce jour est d'une grande importance puisque les familles émettent des vœux de prospérité et de stabilité pour l'année à venir. Les membres achètent de nouveaux habits, se souhaitent les vœux de nouvelle année et montrent le respect aux aînés par un rite approprié (*salaam*). Chaque mois du calendrier bohra est consacré à une figure sainte et donne lieu à plusieurs rituels communautaires. Ces rituels sont aussi vécus comme une commémoration d'un fait historique. Le calendrier bohra est donc jalonné d'événements mythiques ou historiques relatifs à la communauté qui les commémore.

Muharram, le premier mois, appelé également 'mois de Hussein', est honoré par dix jours de rassemblements de prières auxquels les Bohras sont tenus d'assister. Les dix jours sont jeûnés. Le point central est la rencontre avec le *Dâ'î* qui distribue sa bénédiction à la foule présente (*deedar*). Pour ceux qui n'ont pu se déplacer, l'événement est filmé et retransmis en direct sur les écrans de chaque mosquée bohra. Assis sur une estrade en hauteur (*takhat*), le Dâ'î délivre un sermon (*waez*) racontant les événements d'*Ashura*. L'émotion spirituelle atteint son apogée lorsque le *Dâ'î* pleure sur le sacrifice d'Hussein; les Bohras récitent alors le fameux '*Ya Hussein*'. Le mois de Muharram est complété de rencontres quotidiennes de femmes bohras, pour chanter des *marasiyahs* en l'honneur de Zainab et de Sukainah (les sœurs d'Hussein présentes lors du martyre à Kerbala).

Le deuxième mois (*safar-ul-muzzafar*) est celui de Hassan et commémore le martyre du fils d'Ali. Le 'mois du Prophète' (*rabi-ul-awwal*) rappelle sa naissance (*idd-e-*

milad), le douzième jour du mois. Cette date coïncide chez les Bohras avec le jour de la mort de la femme du *Dâ'î* actuel (Amatullah Aaisaheba). A cette occasion, les femmes préparent chez elles des desserts rituels (*kalamro*, à base de yaourt, riz, sucres, raisins et pétales de roses) qu'elles distribuent. Quarante jours séparent l'anniversaire du Prophète (*id-e-milad*) de celui du *Dâ'î* actuel (*milad Syedna Mohammed Burhanuddin*), le 20e jour du mois du *Dâ'î du'at* (*rabi ul-aakher*). Plusieurs festivités sont organisées durant cette période par les comités locaux (*anjumân*) et les associations féminines (*Burhani women*) : repas communautaires, lecture du Coran, jeux (*quizz* sur les grands événements de la communauté), expositions commerciales de stands bohras et artisanales de produits fabriqués par les femmes, processions. Le jour de l'anniversaire du *Dâ'î*, plusieurs mariages (*rasme saifee*) sont célébrés collectivement[158]. Les Bohras donnent également une taxe pour remercier le *Dâ'î* pour sa guidance.

Le cinquième mois (*jumadal ula*) est marqué par des rassemblements féminins en l'honneur de Fatema. Le sixième mois (*jumadal ukhra*) et le huitième mois (*shabaan-al-karim*) font place à moins de rituels, exceptée la commémoration par des prières et par des repas communautaires du martyre du 32e *Dâ'î* à Ahmedabad, Syedna Qutbuddin Shahid. Le mois de Ali (septième mois de *rajab*) donne lieu à des rassemblements domestiques pour la

---

[158] La pratique des mariages collectifs (*rasme saifee*) aurait été instaurée par le 51e *Dâ'î*. Elle permettait originellement aux familles les moins aisées de pouvoir marier leurs enfants à moindre frais, puisque le coût était sponsorisé par les autres Bohras. La célébration collective ne comprend que la cérémonie du *nikah*, c'est-à-dire uniquement le rituel religieux ou les deux parties reçoivent la bénédiction du 3e *Dâ'î* Hatim, à travers les prières récitées par le *'âmil*. Aujourd'hui, les mariages collectifs ne sont plus uniquement destinés aux plus pauvres de la communauté. Les comités locaux incitent toutes les familles à célébrer le *nikah* collectivement, et le *rasme saifee* est devenu un signe d'orthopraxie.

répétition de son nom (*Ali ni tasbi*). Le mois du ramadan est jeûné. Avant la prière, du thé et des encas sont distribués dans les mosquées pour clore le jeûne. Le pouvoir religieux incite à ce que tous les Bohras participent aux prières qui sont dites le soir, après le coucher du soleil. La nuit de *Lailatul Qadr* (22e nuit de ramadan), supposée enlever les fautes commises pendant l'année, est célébrée par des prières nocturnes et des jeûnes.

Les Bohras célèbrent les fêtes panislamiques de *l'Id-ul-Fitr* (jour ou chaque Bohra doit s'acquitter de taxes prélevées par les *'âmils*) et de *l'Id-ul-Adha*. Les trois derniers mois de l'année ont cependant des rituels spécifiquement bohras : l'anniversaire du 51e *Dâ'î* (*milad Syedna Taher Saifuddin*) célébré dans son mausolée à Mumbai, *Zikra*, jour où les étudiants de l'Université bohra de Surat reçoivent leurs diplômes des mains du *Dâ'î*, et *Id-ul-Gadhir* où chaque Bohra renouvelle son vœu d'allégeance au *Dâ'î*.

Le premier et seizième jours du mois (dit 'jour de Syedna Hatim, 3e *Dâ'î*, car celui-ci serait né un seize du mois) sont célébrés par des jeûnes ou par des partages de sucreries dans l'espace domestique (*mithi sitabi*) en l'honneur de la figure sainte du mois. Le calendrier est islamique, tandis que les rituels du cycle de l'année ont une dénomination souvent spécifique à la communauté.

On notera également lors des rites annuels la place prépondérante du partage de nourritures (*thal bhavarno*) et des jeûnes[159]. Les jeûnes sont le plus souvent suivis par les femmes. Les hommes réalisent également un don lorsque, à

---

[159] Voir au sujet des rassemblements alimentaires bohras, Brun, Ch. (2006), 'Les nourritures sacrées' : circulation des bénédictions et rassemblements communautaires dans une secte musulmane ismaélienne en Inde (Daudis Bohras) ', Séminaire AJEI *'Religions et communautés religieuses dans le monde indien'*, organisé par Y.Joly et J.Humeau, Kottayam, 2006. Article mis en ligne sur Internet http://www.ajei.org/fr/evenements/ajcssindia/2006/ajcss06prog.htm.

l'occasion d'une fête religieuse, ils ferment leurs magasins afin de particper aux rituels religieux[160].

Les rites religieux quotidiens

Les anciens *Dâ'îs* ou les *awliya* bohras sont aussi géographiquement proches des fidèles. Les quartiers les plus anciens se structurent autour de la mosquée et sont proches de la tombe d'un *Dâ'î* ou secondairement d'un *wali*[161]. Dans le même espace, le tombeau du saint donne toujours sur un cimetière bohra qui l'entoure. Les pèlerins ainsi que les résidents de la localité viennent s'y recueillir régulièrement. L'administration bohra facilite les déplacements vers les centres de pèlerinage (*ziyarat*) par la construction de *guest houses*, aménagées avec des jardins, des fontaines et parfois des espaces pour les enfants. Les repas sont servis dans les

---

[160] Le calendrier bohra a deux à trois jours d'écart avec celui des autres musulmans. Les fêtes ne coïncident donc pas avec les jours fériés octroyés par le Gouvernement indien. Le *Dâ'î* demande de plus à ce qu'une majorité de Bohras assiste au minimum aux principales fêtes communautaires : les dix jours de *Muharram*, les fêtes du *ramadan*, les Id et l'anniversaire du *Dâ'î*.

[161] Le terme *wali* (pluriel, *awliya*) signifie 'saint' ou 'ami de Dieu'. Nommés '*awliya kiraam*', leur proximité avec Dieu font d'eux des intercesseurs sensibles aux prières : « Ils comprennent toutes les demandes du cœur » (entretien Ahmedabad, avril 2006). Dans le contexte bohra, les principaux *awliya* ont leurs tombes à Patan, Galyakot, Denmal et Cambay. Leurs vies sont liées à l'implantation de l'ismaélisme bohra au Gujarat. Le missionnaire Abdullah est le premier *wali ul Hind*. Sa mission prosélyte est complétée par celles de cinq autres *wali ul Hind*, qui ont été formés et désignés par lui. Le quatrième *wali ul Hind*, Maulaya Ali est à l'initiative de l'installation des Bohras à Ahmedabad. Le cinquième *wali ul Hind*, Syedi Hasan Pir, était le petit fils du premier roi converti, *wali* Bharmal. Devenu martyr au cours d'une mission de conversions, sa tombe est devenue depuis un des principaux lieux de pèlerinage à Denmal (Gujarat). La tombe du missionnaire *wali* Pîr Fakruddin à Galyakot est également un des lieux les plus fréquentés lors des pèlerinages (*ziyarat*) bohras. Chaque quartier (les anciens quartiers bohras situés dans la vieille ville près des bazars) a également une ou plusieurs tombes d'*awliya* locaux.

jamaat khaana et fonctionnent sur le système de donations. Dans les quartiers bohras, des magasins proposent des circuits de huit à dix jours comprenant plusieurs tombes (*roza*) de Dâ'îs au Gujarat. Les pèlerins partent en groupes de familles, d'étudiants ou de femmes d'un même voisinage. Ils empruntent les bus ou les voitures mis à disposition dans le forfait du circuit.

Le pèlerinage, et à moindre échelle la visite de la tombe d'un *wali* local, fait souvent l'objet d'un vœu ou du remerciement pour la réalisation d'un vœu. Après avoir laissé leurs chaussures à l'entrée et s'être couverts la tête, les fidèles entrent dans les mausolées, touchent la tombe avec leur front, l'embrassent puis s'agenouillent devant. Ils peuvent se recueillir en lisant des livres de prières qui sont à disposition dans le mausolée. Les *mullahs* contrôlent et gèrent les fonds en donations mais ils n'officient pas dans les rites religieux. Dans les magasins avoisinant le *dargah*, les Bohras peuvent acheter des fleurs ou des noix de coco qu'ils déposent eux-mêmes sur la tombe. Ils ramènent fréquemment à leur famille des sucreries, des bijoux ou des images du *Dâ'î* qui sont vendus aux abords du lieu saint. Chaque *Dâ'î* ou *wali* a des qualités particulières liées à des épisodes marquants. A titre d'exemple, les tombes des *awliya* Syedi Fakruddin et Hasan Pir à Galyakot (sud du Rajasthan) et à Denmal (nord du Gujarat) sont visitées pour le traitement de problèmes psychologiques. Le pèlerinage sur la tombe du 42e *Dâ'î* à Mandvi aiderait dans le traitement de troubles oculaires. Par le pèlerinage, les Bohras appréhendent les histoires des *Dâ'îs* et des *awliya* dont les tombeaux se trouvent au Gujarat. La visite peut être quotidienne lorsque le *dargah* se situe près du lieu de vie. Cette pratique laisse plus de place aux femmes qui s'y rencontrent et peuvent prendre du temps pour discuter.

En dehors de la visite aux tombes, la prière (*namaaz*, dite trois fois par jour comme chez les autres Chiites) peut être faite dans l'espace domestique. Elle est le plus souvent suivie par les femmes les plus âgées de la famille. La prière commence et finit toujours par une prière de remerciement et de bénédiction (*madeh*) envers le *Dâ'î* actuel. La prière, lorsqu'elle a un but spécifique, est appelée *du'a*. Les *du'a* sont de courtes prières, souvent en *lisan-e dawat* (gujarâtî arabisé), dont les paroles ont un effet bénéfique sur la demande : guérison, problèmes financiers ou toutes autres demandes de la vie quotidienne. Les livres de *du'a* sont vendus près des tombeaux des saints (*ziyarat*) et bien diffusés dans la communauté. Des *du'a* peuvent être accrochées à l'entrée de la maison ou dans chaque chambre, en signe de protection. Lorsqu'elles sont écrites sur un papier et enroulées autour du cou dans un petit étui, elles ne peuvent être vendues que par le *'âmil* et ne se trouvent donc pas dans les échoppes ordinaires.

Pour les Bohras, la prière ne peut être entendue que si la personne est 'pure' (*namazi*), c'est-à-dire en état de pureté rituelle. Elle doit donc avant chaque prière, se laver les pieds et les mains (les ablutions sont obligatoires, *wuzu*), en récitant une prière adéquate (*du'a*) et mettre des vêtements spécifiques. Les Bohras suivent les cinq piliers de l'islam auxquels ils en ont ajouté deux : la dévotion envers les saints de la lignée communautaire (*walâyat*) et la propreté rituelle (*tahârat*). L'état de *namazi* peut être détruit facilement : par l'entrée en contact avec tout objet non *namazi*. Cette focalisation sur la propreté rituelle semble assez spécifique aux Bohras.

Un des plus grands moments de la religiosité quotidienne est de voir le *Dâ'î* (*deedar*) ou un membre de sa famille élargie (*qasr e Ali*) lors de leurs visites dans les localités bohras. Les plus aisés ont le prestige d'accueillir un des *Qasr-e-Ali* dans leur maison pour y recevoir leur bénédiction. Recevoir le *Dâ'î* est considéré comme le plus grand signe d'honneur et d'accumulation de mérites spirituels. Cette pratique fait l'objet de nombreuses discussions dans la communauté bien qu'elle soit, dans les faits, assez rare.

Les rites du cycle de vie

La complexité des rites du cycle de vie ainsi que leurs relatives variantes régionales pourraient faire l'objet d'une étude à part entière. Dans cette présente contribution, nous ne présenterons que les principaux traits. Les rites du cycle de vie sont très influencés par le contexte local et de ce fait, très indianisés. Ils demandent fréquemment la présence du *'âmil*, ou en son absence d'un *mullah* désigné par lui, qui vient réciter les prières adéquates de bénédiction (*darees*)[162]. Différents *darees* concernent les différentes demandes : il y a des prières (*darees*) spéciales pour les fiançailles, pour les mariages, pour l'ouverture d'un commerce ou d'une maison, ou pour les premiers rituels de l'enfance. Ces prières sont des invocations en l'honneur du présent *Dâ'î*, et peuvent être également dites à Ali, à Syedna Hatim (le 3ᵉ *Dâ'î*), à Hussein, à Abbas ou au 51ᵉ *Dâ'î*. La permission du *Dâ'î* (*raza*) ou ce qui est appelé en d'autres termes 'sa bénédiction' s'échange contre de l'argent. Elle est nécessaire pour tous les rituels de vie bohra et s'étend au domaine professionnel (démarrer un commerce, faire un nouveau prêt d'importance, changer d'emploi, acheter une maison) voire social (préparation et invitation à un repas en l'honneur d'un personnage saint chez soi, voyages en dehors de l'Inde etc.) La présence d'un *mullah* et encore plus d'un *'âmil* pour la récitation des *darees* requiert le paiement d'honoraires religieux assez importants. La somme dépend de l'importance du rituel et des revenus des requérants. Chaque rituel se termine par le rite du *salaam* : le fidèle embrasse la main du *'âmil* et lui remet une enveloppe comprenant le

---

[162] Les livres de *du'a* (prières spécifiques) sont vendus près des tombeaux des saints et mis à la disposition de tous, tandis que les *darees* (demandes de bénédiction) ne sont connues et récitées que par les *'âmils*, ce qui rend ces derniers indispensables lors des rituels. Cette pratique de récitation de paroles sacrées est bien adaptée au contexte indien, où elle trouve son pendant hindou (*mantras*), bien que le contenu ou plutôt les référents diffèrent.

paiement pour sa bénédiction. L'obtention de la bénédiction directe d'un représentant du *Dâ'î* dans l'espace domestique est considérée comme prestigieuse socialement comme religieusement. En outre, les rituels du cycle de vie demandent sa présence pour être validés. Chaque rituel est suivi d'un repas collectif où le nombre de convives dépend des capacités financières de celui qui l'organise.

Par tous ces aspects précédemment décrits, il nous apparaît que la religiosité bohra autour de la dévotion rendue aux *Panjatan Pak* et aux chefs religieux de la communauté est bien adaptée à l'environnement cultuel dans lequel elle évolue. Les comparaisons avec d'autres communautés religieuses du sous-continent doivent être effectuées avec précaution, surtout dans le contexte politique actuel de la région. On peut toutefois noter la continuité d'un système de castes internes et la place primordiale qu'occupent les spécialistes religieux[163], les *'âmils*, pour la performance des rituels. Enfin, on notera que plusieurs rituels préexistants continuent d'être observés dans les rituels du cycle de vie. C'est notamment le cas des rituels de l'enfance. Le septième jour, l'enfant reçoit un nom que lui murmure la sœur de son père, ses cheveux sont rasés et un animal est sacrifié. Les femmes enceintes retournent chez leurs parents pour une durée de deux ou quatre mois; enfin les cérémonies du mariage continuent largement d'être inspirées du contexte local. Il est difficile de connaître l'origine de certains rituels du cycle de vie. On citera pour exemple les rituels de

---

[163] M. Gaborieau montre que la complexe typologie des spécialistes religieux musulmans est une caractéristique de l'Islam en Asie du Sud. Chez les Bohras, cette typologie est assez différente de celle décrite par M.Gaborieau. Certains spécialistes religieux comme les *qadis*, les *imams*, les *oulemas* et les *fakirs* ne se retrouvent pas et sont remplacés par une hiérarchie religieuse particulière à la communauté: celle des *'âmils*, des *sheikhs* et des *mullahs*. On retiendra toutefois chez les Bohras comme chez les autres musulmans du sous-continent indien la place essentielle que jouent ces spécialistes dans la vie religieuse quotidienne. Voir Gaborieau 1983.

séparation sociale des veuves. A la mort de leur mari, les veuves sont habillées de blanc et restent pendant trois mois dans une pièce à part où seuls les membres de la famille proche (excepté les enfants et les femmes enceintes) peuvent entrer. Elles ne peuvent se regarder dans un miroir ou se divertir en écoutant la radio ou la télévision. Elles sont supposées passer leur temps à prier et à recevoir les visites des très proches, ce qui les place dans des relations de dépendance.

Analyse

L'étude de la vie religieuse bohra a montré quelle était la place prépondérante de la figure religieuse du *Dâ'î*. Le père du *Dâ'î* actuel, Syedna Taher Saifuddin et surtout le présent *Dâ'î*, Syedna Mohammed Burhanuddin, sont au cœur de toutes les dévotions. Par la transmission du *nass*, ils sont les seuls en contact direct avec l'*Imam* et ils comprennent en eux-mêmes toutes les qualités des prédécesseurs de la lignée spirituelle bohra (*Panjatan Pak, Imams* et *Dâ'îs*). Cette dévotion envers la figure sacrée du *Dâ'î* marque la différence des Bohras dans le monde musulman indien, et se trouve au centre de leur religiosité depuis des temps plus anciens. Il est cependant vraisemblable que la place éminente du chef religieux dans la vie religieuse et sociale quotidienne ait été renforcée ces dernières décennies, par le biais de mesures et arguments néo-traditionnels. L'existence d'intercesseurs religieux autres que le *Dâ'î* (les *awliya*, les *'âmils*, les *sheikhs*) et les variantes régionales des rituels du cycle de vie attestent que l'uniformisation des pratiques et la centralisation des pouvoirs sont des dynamiques récentes de l'histoire bohra.

Il en résulte aujourd'hui un resserrement du contrôle social et économique et une perte de l'autonomie des Bohras dans la production et l'appropriation de leur religiosité si l'on considère que les rituels sont déplacés et contrôlés dans l'espace communautaire. De plus, tous les rituels du cycle de vie et les entreprises professionnelles des membres (voyages, commerces, déménagements, etc.) nécessitent la permission (*raza*) du *Dâ'î* sous peine d'excommunication. Ce contrôle total sur la vie des membres et les pleins pouvoirs du chef religieux sont spécifiques aux Bohras dans le monde indien. D'autres figures religieuses existent dans le sous-continent (*gurus*, maîtres religieux, *pîrs*, *oulémas*), mais leurs pouvoirs ne s'étendent pas à tous les domaines de la vie des membres d'une caste entière. La particularité du système religieux bohra est également de reposer sur une administration propre et fonctionnant de façon autonome. Ainsi, on peut se demander quels processus permettent l'existence et le maintien d'un contrôle religieux aussi fort, et *a contrario* ce que signifie cette cristallisation communautaire particulière dans le contexte social et politique indien.

A cette question complexe des liens entre processus de cristallisation, contrôle social des Bohras et histoire politique plus large du sous-continent indien, on ne pourra apporter que quelques réflexions. Que nous disent les acteurs et l'analyse de leurs rituels à ce sujet? Il ressort de l'analyse des principaux rituels bohras une indianité et une volonté tant au niveau du pouvoir religieux que des membres de conserver une religiosité particulière. La présence de structures préexistantes 'hindoues' dans les rituels et l'adéquation de certaines pratiques avec celles d'autres musulmans du sous-continent montrent que la foi ismaélienne a longtemps permis une inter influence avec d'autres courants religieux et une continuité avec des éléments culturels locaux. La définition identitaire des Bohras confirme cet aspect 'composite' ou 'liminaire'[164] qui ressort de la typologie des rituels. Les

---

[164] Au sujet de l'inter influence entre foi ismaélienne et religiosités locales, M. Boivin note : « Le fait ismaélien en Asie du Sud témoigne plus que tout autre de l'interpénétration de la culture hindoue et musulmane (...).La pédagogie graduelle mise en œuvre par les pirs leur interdisait de demander au néophyte de rejeter en bloc les croyances de ses ancêtres. Le message de la nouvelle religion venait plutôt dans son

membres de la communauté prétendent descendre d'hindous convertis et les Bohras au Gujarat se définissent souvent comme 'convertis de brahmanes'. Si la tradition religieuse est une continuité de l'ismaélisme fatimide, les fidèles se reconnaissent originaires de la région du Gujarat. Les Bohras tendent à se distinguer des 'communauté hindoue' ou 'communauté musulmane'. Contrairement aux deux premières, l'identité bohra est souvent mise en avant comme 'désintéressée des affaires politiques'. Le terme de 'politique' revêtant ici une connotation péjorative et rappelle également les conflits communautaires du Gujarat. Souvent les informateurs déclarent qu'ils se sentent 'pris au piège entre les deux', car 'leur culture serait à l'image de la localisation de leurs quartiers: jouxtant les hindous comme les musulmans'[165]. La tradition religieuse est décrite comme une secte musulmane particulière et les Bohras en appellent régulièrement à la reconnaissance de la diversité de l'Islam[166]. La comparaison s'opère toutefois plus fréquemment dans les discours avec les hindous, c'est-à-dire avec les autres castes hindoues gujarâtî

---

prolongement. Les conséquences de cette technique de prosélytisme ne furent pas toujours positives pour les ismaéliens. Certaines années, le Census of India classait les khojas parmi les castes hindoues et fréquemment, les fondamentalistes musulmans accusaient les ismaéliens de pratiquer une forme détournée d'hindouisme», voir Boivin 1998 : 141-177. D. S. Khan définit le terme 'd'identités liminaires' à propos de communautés ismaéliennes comme les Imamshahis, en donnant l'image d'un seuil 'qui peut être représenté comme permanent et ouvrant dans un monde aux valeurs multiples'. Le terme 'd'identité liminaire semble également s'appliquer dans ce contexte à la communauté bohra. Voir Khan 2004.
[165] Entretiens avec des familles bohras, Rajkot, Avril 2006.
[166] A titre d'exemple, la sociologue bohra R. Ghadially écrit dans l'introduction d'un article sur les rituels religieux domestiques des femmes bohras: ' L'islam populaire représente une diversité de pratiques parmi ses nombreuses sectes et communautés, qui sont formés également par des considérations socioculturelles locales', voir Ghadially 2003 : 309-321.

que les Bohras côtoient fréquemment. Ils auraient conservé des rituels communs ou des éléments de rituel, bien que les Bohras estiment que leur degré de religiosité soit plus élevé tandis que les hindous auraient une tendance à se séculariser.

Les discours du *Dâ'î* sur la situation sociopolitique du sous-continent indien exhortent à se placer sous sa protection, afin de se préserver des conflits communautaires auxquels les Bohras sont fréquemment exposés[167]. Celui-ci multiplie en effet les rencontres avec les responsables politiques indiens et en-dehors de l'Inde. Pour les Bohras, la reconnaissance politique du *Dâ'î* et sa richesse financière sont des éléments additionnels à son pouvoir spirituel. Ils lui sont reconnaissants de savoir 'préserver une identité sectaire et islamique unique'[168], des identités religieuses plus larges et englobantes. Ce thème (celui d'une menace réelle ou fictive d'une perte de l'identité sectaire et d'un prosélytisme violent hindou ou musulman) est largement mis en avant par le *Dâ'î* et utilisé pour maintenir son pouvoir.

CONCLUSION

Le contrôle accru du *Dâ'î* sur les membres de la communauté a débouché sur des procès menés par les réformistes. Les jugements sont toujours allés à l'encontre du *Dâ'î*, en ne lui reconnaissant aucun pouvoir dans les domaines non religieux, en particulier les domaines fiscaux et sociaux, pouvoirs qu'il prétend traditionnellement posséder. La commission Nathwani a déclaré en 1980 que les droits du

---

[167] Les Bohras ne participent pas aux revendications politiques, mais ils sont fréquemment exposés aux violences intercommunautaires qui ont lieu au Gujarat, et qui se résument souvent en pertes matérielles (magasins, entrepôts). Le *Dâ'î* donne des conseils aux communautés locales et met en place des fonds d'entraide permettant de minimiser les pertes.
[168] Voir Abdulhussein 2001.

Dâ'î sur ses fidèles remettaient en cause leurs libertés fondamentales. Les Bohras sont des musulmans mais ils ont leurs propres rituels, lieux de culte, histoire et personnages saints dont les influences sont multiples. L'uniformisation des pratiques entreprise par le *Dâ'î* permettrait de maintenir une identité particulière et mieux connue de tous. Leur obéissance au *Dâ'î* les habiliterait à toujours continuer leur religiosité particulière malgré le dispersement géographique et les nouvelles opportunités économiques et sociales.

Tandis que le contrôle accru du *Dâ'î* ne fait pas l'objet de discussions ouvertes internes, les critiques financières sont exprimées. En effet, le problème de cette communauté commerçante est aussi celui de la monétisation excessive des dons et de l'espace de compétitions qu'il engendre. Toutes les donations sont anonymes et portent uniquement le nom du *Dâ'î*. Cependant, les conflits et les doutes portent le plus souvent sur la redistribution de ces dons et taxes. On remarquera à ce sujet que tous les procès dans la communauté portaient sur le contrôle du *Dâ'î* dans les finances communautaires et sur l'excessive taxation religieuse. Ainsi A.A.Engineer, le chef des réformistes, parle 'd'une commercialisation de la religion', ce qui montre que les conflits de la communauté s'expriment en termes financiers. Finalement, la communauté bohra a réussi jusqu'aujourd'hui à préserver, voire à réinventer une identité unique, dont l'affiliation religieuse n'est pas clairement délimitée, mais au prix d'un contrôle interne et de doutes qui sont sous-jacents.

BIBLIOGRAPHIE

Abdulhussein, M. (2001), *Al Dâ'î Al-Fatimi, Syedna Mohammed Burhanuddin, an illustrated biography*, Londres, Oxford University Press, chapitre « An educational endeavour », pp. 8-32.

Badre Muneer Monthly, Mai 2004, Rajkot.

Arasaratnam, S. (1994), *Masulipatnam and Cambay (1500-1800)*, New Delhi, Manoharlal.

Berinsta et Roques (1996), *Sur la manière de négocier aux Indes*, Paris, Maisonneuve et Larose.

Blank, J. (2002), *Mullah on the Mainframe: Islam and modernity among the Daudi Bohras*, University of Chicago Press.

Boivin, M. (1998), *Les Ismaéliens, des communautés d'Asie du Sud entre islamisation et indianisation*, Collection Fils d'Abraham, Paris.

Boivin, M. (1998), « Institutions et production normative chez les ismaéliens d'Asie du Sud », *Studia Islamica*, 88, pp. 141-177.

Brun, Ch. (2006), « 'Les nourritures sacrées' : circulation des bénédictions et rassemblements communautaires dans une secte musulmane ismaélienne en Inde (daudis bohras) », Séminaire AJEI *Religions et communautés religieuses dans le monde indien*, organisé par Y.Joly et J.Humeau, Kottayam.

Das Gupta, A (2004), *India and the Indian Ocean world: trade and politics*, New Delhi, Oxford University Press.

Dawoodi Bohra Commission (Nathwani commission), mai 1979.

Desai, M. (1989), "Bohra dwellings: cultural manifestations in regional architecture", *Architecture and Design*.

Doshi, B. (1986), "Expressing an architectural identity, bohra houses of Gujarat", *Architecture and development*, 19, Singapore.

Engineer, A.A. (1980), *The Bohras*, Delhi, Vikas Publishing Press.

Esmail, A. (2002), *Scent of sandalwood : indo-ismaili religious lyrics*, Londres, Routledge.

Esposito, J. (1995), "Al-Jamea-tus-Saifiyah", in *Encyclopedia of the Modern Islamic World*, New York, Oxford University Press.

Gaborieau M. (1983), « Typologie des spécialistes religieux dans le sous-continent indien: les limites de l'islamisation », *Archives de Sciences Sociales des Religions*, 55, pp. 29-51.

Ghadially, R. (2003a), "A Hajari (meal tray) for 'Abbas Alam Dar : Women houselhold ritual in a south asian muslim sect", *The Muslim World*, 93, pp. 309-321.

Ghadially, R. (2003b), "Women observances in the calendrical rites of the daudi bohra ismaili sect of south asian muslims", *Islamic culture*, 77 , pp. 1-21.

Hollister, J.N. (1953), *The Shia of India*, Luzac Collection, Londres.

Hussein, A. (1920), *Short note on Daudi Bohras*, Surat.

Ivanow, W. (1936), *A creed of the Fatimids*, Bombay.

Jani, B. (1996), *Oral traditional literature of Gujarat*, Rajkot, Vasuki Printing Press.

Khan, Dominique-Sila (2004), "Liminality and legality : a contemporary debate among the Imamshahis of Gujarat", In I.Ahmad et H.Reifeld, *Lived Islam in South Asia*, New Delhi, Social Science Press, pp. 209-233.

Lokhandwalla, T. (1955), 'The Bohras: a muslim community of Gujarat', *Studia Islamica*, 3, pp. 117-135.

Misra, S.C. (1964), *Muslim communities of Gujarat*, Dep of History, University of Baroda, Asia Publishing House N.Y., University of Baroda Press.

Moncelon, J. (1995), 'La Da'wa fatimide au Yémen', *Chroniques yéménites*, 5, Paris.

Offredi, M. (2000), *The Banyan tree: essays on early literature in new indo-aryan language*, New Delhi, Manohar.

Pache Huber, V. (2002), *Noces et Négoce. Dynamiques associatives d'une caste de commerçants hindous*, Paris, Editions de la MSH.

Shackle, C. et Moir, Z. (2000), *Ismaili hymns from South Asia, an introduction to the ginans*, Londres, Routledge and Curzon.

Timberg, T.A. (1978), *The Marwaris : from traders to industrialists*, Delhi, Vikas Publishing.

Tundawalla, M. (2005), *Madrasas in Bohra community*, Kolkata, University of Laws Kolkata.

Vidal, D. et Cadène, P. (1997), *Webs of trade, dynamics of business communities in western India*, Delhi, Manohar.

Zoyab, A.K., (2000), *Sidhpur and its dawoodi bohra houses,* Minerva Press, New Delhi.

7.

TRANSNATIONALITÉ, RELIGION ET ETHNICITÉ :

À PROPOS DES BOHRA DE MADAGASCAR

Denis Gay

Cet article traite la question suivante : comment l'appartenance bohra s'est-elle recomposée à Madagascar entre les années 60 à 80 et aujourd'hui ? Cette interrogation s'inscrit dans le champ des études sur les échanges internationaux, relativement nouveau en anthropologie[169]. Si certains[170] ont cru que les appartenances ethniques étaient vouées à devenir plus flexibles et maniables par les acteurs sociaux suite à l'accroissement des flux migratoires, des brassages humains ainsi que des échanges de capitaux, de biens et de messages, cet article met en évidence le contraire à savoir que l'intensification des échanges transnationaux peut participer à renforcer et à durcir des identités ethniques.

Dans un premier temps, un historique de la présence à Madagascar des Bohra et des autres communautés d'origine indienne situe les acteurs sociaux dans leur contexte. Une deuxième partie précisera brièvement les références théoriques mobilisées ici. Puis, nous examinerons la

---

[169] L'anthropologie a réorienté certaines de ses problématiques en intégrant la dimension transnationale dans son objet d'étude, à savoir la circulation continuelle de personnes, de capitaux, de biens, et d'informations entre différents lieux (notamment Rouse 2002 ; Basch, Glick Schiller et Szanton Blanc 1994).
[170] Voir Appadurai 1991.

construction historique de l'ethnicité bohra en soulignant le rôle de la transnationalité et de la religion à travers deux dimensions : d'une part les échanges entre les différentes diasporas bohra et d'autre part la politique du centre religieux de Bombay à l'égard des Bohra de Madagascar.

Les communautés[171] appelées « indiennes », « indo-pakistanaises », « karana » ou « karany » à Madagascar sont originaires de l'Etat du Goudjérat au Nord-Ouest de l'Inde. Les « Karana » de Madagascar appartiennent à cinq communautés religieuses distinctes : les hindous et quatre groupes musulmans. Parmi ceux-ci se trouvent les sunnites et trois communautés chiites : les Khodja Ithna Ashery (duodécimains), les Ismaili (ismaéliens fidèles de l'Agha Khan) et les Bohra Daoudi (autre groupe ismaélien)[172]. Bien que l'ensemble des Karany[173] de Madagascar ne compte que environ 17 000 personnes, soit 0,1% de la population générale de l'île, ils possèdent une large majorité des magasins dans les villes de l'Ouest, et une bonne part de ceux qui se trouvent dans le centre du pays. Ils font partie de la classe sociale moyenne à supérieure de la société malgache. Les Bohra de Madagascar, au nombre de 6000 à 7 000 se définissent comme un peuple de commerçants, et plus de 99% d'entre eux exercent ce métier.

La communauté bohra est largement dispersée à travers les continents. Sur une population générale d'environ

---

[171] La notion de communauté (notamment Robert 1956) qui peine à se démarquer des définitions holistes héritées du 19ème siècle m'est apparue inapte à mettre en évidence les processus dynamiques et interactionnels de l'ethnicité. C'est pourquoi, le terme de communauté est utilisé ici, mais seulement dans un sens très général, comme un synonyme de groupe social.

[172] Pour des précisions sur l'origine de la branche Daoudi des Bohra, voir Daftary 1990 et Boivin 1998. Dans ce texte, le terme Bohra désigne les Daoudi Bohra. Il n'y a pas d'autres groupes Bohra à Madagascar.

[173] L'orthographe Karany a été retenue ici car c'est celle utilisée sur les côtes. En effet, mon principal travail de terrain était localisé à Tuléar, sur la côte Sud-Ouest de Madagascar.

500 000 membres[174], un quart a émigré dans une quarantaine de pays : notamment en Occident, principalement en France, en Angleterre, aux Etats-Unis et au Canada, au Moyen-Orient, en Afrique de l'Est et dans le sud-est asiatique. Les familles étendues de Madagascar sont généralement très dispersées. Au sein de la même famille, les membres entretiennent des relations entre les différentes villes de Madagascar, la Réunion, la France, les Comores, et beaucoup plus rarement le Canada, les Etats-Unis, l'Afrique de l'Est et le Goudjerat. Les quatre autres communautés constituent également des réseaux transnationaux: elles sont toutes représentées notamment en Afrique de l'Est, en France, à la Réunion, au Canada et à Madagascar.

LA MIGRATION ET L'INSERTION DES COMMUNAUTÉS D'ORIGINE INDIENNE À MADAGASCAR

Dès le début du Xème siècle, le Goudjerat joue le rôle de plaque tournante commerciale entre la Chine et l'Afrique. A la fin du XIIIème siècle, des Goudjerati présents sur la côte de l'Afrique de l'Est auraient obtenu le contrôle politique de la ville de Kilwa (en Tanzanie actuelle). Leur domination du commerce maritime de long cours dans l'Ouest de l'océan Indien au détriment des marchands arabes atteint son apogée au XVème-XVIème siècles. Ils échangent leurs habits très prisés contre de l'or, de l'ivoire et des esclaves[175]. C'est

---

[174] Il est très difficile de les dénombrer. Suivant les sources, le nombre des Bohra de la branche daoudi s'élève à 350 000 selon l'estimation de Fyzee (Fyzee 1960 : 1292) à 1,3 million. En effet, le centre religieux mentionne les chiffres d'un million à 1,3 million, qui semblent cependant nettement surévalués, compte tenu de l'estimation de 350 000 en 1960 et du fait que l'administration britannique a recensé environ 146 000 Bohra musulmans en 1901 dont 118 000 dans la Présidence de Bombay (Fyzee *idem*).
[175] Voir Pearson 1976: 12.

également grâce à son système de production de textiles très organisé que le Goudjerat s'est imposé. Mais la domination goudjerati est remise en question par l'arrivée des marchands portugais au XVIème.

Quelques pionniers goudjerati ont accosté, semble-t-il, dès le début du XVIIème siècle à Madagascar sur la côte ouest où ils négocient avec les royautés locales. Cependant ce n'est qu'à la fin du XIXème siècle et dans les premières années du XXème que des Indiens du Goudjerat, confrontés à de très graves problèmes économiques - l'Inde du Nord connaît alors plusieurs famines -, participent et redonnent un nouveau souffle à leur tradition d'émigration commerciale en partant en plus grand nombre, notamment pour Madagascar.

Jusqu'au début du XXème siècle, certains Goudjerati installés à Madagascar font de fréquents allers et retours. Ils investissent en Inde une partie de l'argent gagné à Madagascar, et ils y retournent temporairement en particulier pour y trouver une femme et célébrer leur mariage. Plusieurs vagues de migrants arrivent.

Puis, la circulation migratoire entre l'Inde et Madagascar s'estompe pour deux raisons, l'une économique et l'autre politique. A la fin du XIXème siècle, l'industrie textile anglaise concurrence de manière impitoyable les fileurs du Goudjerat. Or les tissus confectionnés au Goudjerat constituent l'une des principales marchandises exportées de l'Asie du Sud à Madagascar. Suite à l'instauration de la colonisation en 1896, l'administration française édicte une réglementation qui restreint les déplacements des non-européens en dehors de Madagascar, mesure renforcée à partir de 1950 et prorogée par l'Etat malgache indépendant (Blanchy 1995: 174-5). C'est pourquoi, au tournant du siècle, les Goudjerati abandonnent une très grande part de leurs activités d'importation et d'exportation. Ils réorientent leurs réseaux à l'intérieur des terres malgaches et se convertissent en intermédiaires entre les entreprises internationales occidentales et des populations malgaches vivant dans des régions reculées et largement hostiles aux Occidentaux. Ils occupent dès lors le "monde de l'entre-deux". L'administration française considère les Goudjerati tout à la fois comme des fomentateurs de révolte anti-coloniale, des exploiteurs des Malgaches, des concurrents redoutables portant préjudice aux entreprises françaises mais aussi comme des auxiliaires indispensables[176].

Après l'indépendance acquise en 1960, la première République malgache adopte un régime libéral n'impliquant qu'une limitation réduite des activités des étrangers et le rôle central des Karany dans l'économie malgache n'est pas remis en question. En 1971 et 1972, des émeutes poussent à la démission le président de la République Philibert Tsiranana. Tous les étrangers installés à Madagascar sont inquiétés. De nombreux magasins appartenant à des Karany sont saccagés, ce qui fait naître un sentiment d'insécurité chez ces derniers. C'est la première fois que les Karany sont confrontés à une telle hostilité. Certains choisissent de partir à l'étranger, d'autres quittent la campagne pour habiter en ville.

A la suite de l'arrivée au pouvoir de Didier Ratsiraka en 1975, l'Etat malgache intensifie sa politique de nationalisation des entreprises privées. Il licencie les étrangers travaillant dans les entreprises et l'administration et les remplace par des Malgaches, mesure qui affecte peu les Karany très majoritairement commerçants. Cependant, des lois nouvellement édictées restreignent les activités économiques des étrangers (dont les Karany font partie), en particulier l'achat des biens immobiliers leur est interdit. Les syndicats des communes et les coopératives se donnent comme objectif de prendre en main plusieurs filières commerciales et d'y remplacer les Karany. Néanmoins, ces derniers réussissent souvent à maintenir leurs activités en place.

---

[176] Ces trois paragraphes se basent en grande partie sur l'étude historique et ethnologique de Blanchy (Blanchy 1995).

En février et mars 1987 des émeutes ont eu lieu contre l'ensemble des communautés d'origine indienne. Les Karany de cinq grandes villes de Madagascar ont été victimes des pillages. Nombre d'entre eux ont perdu leurs commerces et leurs maisons systématiquement vidées de leurs biens et parfois incendiés. Ils ont craint pour leur vie, mais aucun n'a péri. Dans la ville de Tuléar, au Sud-Ouest de Madagascar, l'émeute a duré trois jours et aurait impliqué 80% de la population malgache locale[177]. Les pilleurs ont évité de s'en prendre aux luxueuses maisons des Malgaches fortunés, qui portaient l'inscription « trano gasy », c'est-à-dire maison malgache[178]. Le caractère sélectif de ces violentes manifestations rend manifeste l'efficacité du clivage entre Malgaches et Karany. Les forces de l'ordre ne sont, semble-t-il, pas intervenues pour empêcher ces désordres. La liesse et l'enthousiasme avec lesquels les Malgaches se sont emparés des biens des Karany, expriment le ressentiment des Malgaches à leur encontre.

Les relations entre Karany et Malgaches s'inscrivent dans une domination économique : les Karany détiennent une grande partie de l'économie commerciale du pays, peut-être 40% et les Karany sont les employeurs de nombreux Malgaches. De plus, ils appartiennent généralement à une classe sociale privilégiée. Ce soulèvement populaire a été provoqué par le sentiment des Malgaches d'être exploités et humiliés et par l'image des « Indiens » étrangers voleurs des richesses du pays (*mpangorona karena*), si largement partagés par la population malgache. Cependant d'autres enjeux sociaux et politiques sont probablement aussi à l'origine de l'émeute[179].

---

[177] Voir Guenier 1994 :.69-70, Delval 1987 : 55-56 et le journal malgache *Lakroa n'i Madagasikara*, no 2516 du 8 mars 1987, no 2517 du 15 mars 1987, du 21 juin 1987.
[178] Voir à ce propos Guenier 1994 : 69-70.
[179] Voir Gay 2007.

Pour les Karany, l'émeute de 1987 a constitué un traumatisme : alors qu'ils se sentaient attachés à la ville de Madagascar où ils étaient nés, la population malgache leur a fait soudain saisir les limites de leur acceptation sur l'île. A cette époque des Karany ont à nouveau émigré pour la France métropolitaine ou la Réunion.

D'autres émeutes de moindre ampleur et très localisées ont eu lieu en 1990-1991, 1994 et fin 1998. La fréquence des pillages atteste de la tension extrême qui règne entre Malgaches et Karany.

THÉORIE MOBILISÉE DANS CETTE RECHERCHE

Comme cette recherche se fonde sur la notion de frontière ethnique[180], c'est-à-dire la ligne de démarcation entre soi et les autres, il s'agissait d'étudier la distinction entre le « nous » et le « ils » et non pas l'ensemble des différences culturelles objectivables. Cette démarche s'oppose au culturalisme qui détermine l'appartenance au groupe à partir du partage d'une culture commune.

De manière générale, les Bohra revendiquent leur appartenance bohra dans les relations aux autres Goudjérati et aux Occidentaux et ces derniers les catégorisent comme Bohra.

Par contre dans les relations entre Bohra et Malgaches, c'est très généralement l'ethnonyme Karany qui est pertinent. En effet, les Malgaches ont le pouvoir d'imposer aux Karany ce terme habituellement dépréciatif.

C'est parce que ces catégories ethniques sont revendiquées et attribuées dans la société malgache que mon étude a comporté deux niveaux d'analyse : l'ethnicité bohra

---

[180] Voir les travaux de Fredrik Barth in Barth 1969a: 9-38; Barth 1969b : 116-134 et Barth 1994 : 11-32. Voir également Douglass et Lyman :1976.

et le clivage entre Karany et Malgache. Dans le cadre de cet article, nous devrons nous restreindre au premier niveau, celui de l'appartenance bohra.

De plus, que répondent les Bohra lorsqu'on leur demande ce que signifie « être bohra » ? Ils mettent en avant leur appartenance au groupe des *mumin* (terme arabe signifiant fidèle, croyant, droit, honorable), mais qui de leur point de vue fait référence exclusivement aux fidèles de leur leader religieux et ils expliquent qu'en tant que Bohra, ils sont marchands. Les autres Karany et les Malgaches eux aussi se servent de symboles, stéréotypes et emblèmes associés à l'économie marchande lorsqu'ils se définissent en relation aux Bohra. Les symboles religieux sont quant à eux utilisés par les autres Karany dans leurs rapports aux Bohra.

C'est pour cette raison que les deux dimensions culturelles majeures traitées dans ma recherche sur les Bohra sont précisément l'économie marchande et la religion. Cependant cet article n'aborde que le rôle de la religion dans la reconfiguration de l'ethnicité.

CHANGEMENTS DE L'ETHNICITÉ BOHRA ENTRE LES ANNÉES 60-80 ET AUJOURD'HUI

Dans les années 1960 à 1980, la frontière ethnique entre les Bohra et les autres Karany était relativisée. Les cinq communautés d'origine indienne se distinguaient les unes des autres en premier lieu par l'endogamie, mais les différences religieuses étaient nettement moins affirmées.

Dès mon arrivée à Madagascar en 1998, j'ai constaté certains conflits ayant pour objet l'octroi des places de prestige dans la mosquée bohra. C'était une manifestation liée à la politique du centre religieux situé à Bombay. Ce dernier, appelé *dawat*, est doté d'une administration et d'un clergé hiérarchisé dirigé par le leader religieux (*dai al mutlaq*, littéralement le missionnaire absolu).

Dans les années 1960 et 1970, le centre religieux bohra avait repris en main les Bohra d'Afrique de l'Est qui bénéficiaient d'une constitution bohra leur accordant une certaine autonomie et où un mouvement réformiste contestataire s'était développé.

Ce n'est qu'après le voyage du chef religieux à Madagascar en 1992, qu'une nouvelle politique de contrôle et d'intensification des liens avec le *dawat* a été mise en place également à l'égard des Bohra de Madagascar.

Pendant le XXème siècle, les Bohra de Madagascar étaient restés très distants du centre religieux et, de son côté, le centre religieux laissait une très grande autonomie à la communauté bohra, à ses comités locaux et à ses prêtres.

A cette époque, le centre religieux dépêchait sur place un seul prêtre (*amil saheb*, littéralement député ; maître, seigneur) qui avait fait ses études coraniques à l'université religieuse de Surat ou dans son extension à Karachi. Jusqu'en 1992, c'était donc un membre de la communauté de Tuléar qui était en charge de la mosquée et qui dirigeait les prières. Son titre de *moulla* lui avait été octroyé par le 51ème *dai al mutlaq*, lors de son voyage à Madagascar en 1963. Dans chaque ville de Madagascar un comité local très indépendant gérait les affaires de la communauté.

Suite au voyage du leader religieux, le *dawat* a restructuré l'organisation religieuse bohra à Madagascar. Le nombre d'*amil saheb* envoyés sur place est passé de un à sept, chacun dirigeant au nom de Sa Sainteté[181] les Bohra d'une région. Selon un nouveau règlement écrit de la communauté locale, les *amil saheb* sont devenus *de facto* les présidents du comité local. Les organisations religieuses locales ont été restructurées et directement contrôlées par le *dawat*.

---

[181] Terme désignant le leader religieux.

Face aux changements imposés par le *dawat* concernant notamment le port du *riddah* pour les femmes[182], la séparation entre les hommes et les femmes, l'interdiction du prêt avec intérêt et le respect de la hiérarchie religieuse ont suscité diverses réactions : attitudes d'adhésion mais aussi de résistance et d'accommodation.

Trois changements de pratiques seront abordés : les échanges avec le centre religieux, la dation du nom ainsi que le rite du serment d'allégeance au chef spirituel (*mishaq*).

Les demandes faites au centre religieux et la dation du nom

Dans les années 1960 à 80, les demandes de *raza* (autorisation) et de *dua* (bénédiction) adressées au leader religieux étaient beaucoup moins fréquentes.

Aujourd'hui, il semble que les Bohra font systématiquement ces demandes dans les occasions suivantes : l'attribution d'un prénom à l'enfant, la construction d'une maison, l'ouverture d'un commerce, les serments d'allégeance (*mishaq*), les mariages et les enterrements. Ce n'était pas le cas dans les années 1960 à 1980.

L'exemple de la dation du nom est développé ici. A l'époque, beaucoup d'enfants ont reçu un nom français et plusieurs le portent toujours. En voici deux exemples : Ginette et Monique. Ces choix doivent être resitués d'une part dans le cadre de la globalisation coloniale et postcoloniale de Madagascar où la France continue à jouer un rôle prépondérant et d'autre part dans le cadre des sentiments francophiles voire d'appartenance à la France des Bohra.

Des parents bohra ont aussi attribué d'autres prénoms sans liens directs avec la religion. Par exemple, certains noms sont en rapport avec la nature, tel Aftab qui signifie le soleil.

---

[182] Habit féminin bohra en deux pièces. Il comporte un « voile » qui se porte comme une capuche et laisse le visage découvert.

Lorsque le *dawat* a pris connaissance de ces prénoms français et non religieux, il a décerné un nouveau nom religieux aux Bohra qui les portaient. Il a fait de même à des Bohra dont le prénom religieux ne leur correspondait pas. En effet, on sait que dans de nombreuses sociétés musulmanes[183], le choix du prénom revêt une signification particulière : il y aurait une relation spirituelle entre le nom et la personne. L'attribution d'un nom qui ne convient pas à l'enfant peut peser sur son destin et par exemple le rendre malade. Dans ce cas, - et cela est arrivé à plusieurs Bohra de Tuléar -, leur prénom religieux a été remplacé par un autre prénom religieux en vue de rétablir leur lien à leur nom spirituel et ainsi de les guérir. Aujourd'hui, les Bohra demandent presque systématiquement le prénom de leur enfant au leader religieux.

Ils réalisent souvent les demandes d'autorisation et de bénédiction lors de maladies, de stérilité ou d'autres problèmes de santé ou de vie de couple et plus rarement à l'occasion de voyages ou de changement de secteur commercial.

Ces pratiques semblent reposer sur la croyance dans le leader religieux comme messager de l'Imam caché[184], doué d'omniscience et dont les bénédictions sont particulièrement efficaces. Des Bohra ont été témoins des malheurs terribles qui se seraient abattus sur ceux qui avaient désobéi aux recommandations du leader religieux : des bateaux ont coulé, des trains ont eu des accidents, des commerces ont périclité… Au contraire, les Bohra qui ont suivi les conseils de Sa Sainteté ont évité des catastrophes.

Les récits abondent en demandes exaucées. Par exemple, le *dai al mutlaq* endossant la fonction de thaumaturge a

---

[183] Voir notamment Centlivres et Centlivres-Demont 1988 : p83-84.
[184] Selon la théologie bohra, leur 21ème Imam, Tayeb est entré en occultation. Les *imam*s se succèdent de père en fils dans cette retraite. Le rôle religieux du *dai al mutlaq* repose sur son statut de délégué et intermédiaire entre l'*imam* caché et les fidèles.

accompli un miracle en 1992 à Tuléar : il a guéri un homme paralysé des deux jambes et considéré comme incurable par les médecins.

Ainsi, l'accroissement du nombre des demandes d'autorisation et de bénédictions repose sur les croyances des Bohra de Madagascar : les nouveaux liens avec le centre religieux signifient aussi pour eux l'accès à un Islam plus authentique.

De plus, ce sont aussi les voyages en Asie du Sud qui sont devenus plus fréquents pour y accomplir des pèlerinages sur les tombeaux des Saints (*ziarat*) ou y assister aux cérémonies célébrées par le chef religieux. Il y a là un processus de redécouverte de l'Inde par les Bohra de Madagascar, mais sur le mode de l'altérité[185].

L'autre facette du phénomène tient en un mot : le contrôle. Actuellement, le *dawat* tend à se donner les moyens de contrôle d'un Etat-nation, notamment par l'introduction d'une carte d'identité valable uniquement dans la communauté, mais sur toute la planète. Il centralise des renseignements sur les Bohra des diasporas et du centre. Ces informations portent non seulement sur les prénoms donnés aux enfants, mais aussi sur la fréquentation de la mosquée, les rites d'allégeance, les mariages, les enterrements et les paiements des impôts religieux. Les *amils saheb* enquêtent sur les noms des fidèles. Le changement de nom n'est pas choisi par les Bohra concernés, mais imposés par le *dawat*.

Le rite du serment d'allégeance

Comme nous l'avons vu, dans les années 1960 à 80, des Bohra habitants de Madagascar étaient prêtres ; ils n'avaient pas fait d'études coraniques en Asie du Sud, mais leur savoir religieux et leurs bonnes œuvres avaient été remarquées par le chef religieux qui les avaient élevé au rang de *moulla saheb*. Dans un prêche, le *moulla saheb* annonçait quel jour

---

[185] Voir à ce propos Gay 2000.

le *mishaq* aurait lieu. Par « respect » pour ce dernier, les parents se rendaient chez le *moulla saheb* et lui demandaient si leur enfant pouvait accomplir le *mishaq*.

Comme aujourd'hui, il existait deux possibilités : le *mishaq* avait lieu soit à la maison, soit de manière collective à la mosquée. Les Bohra interviewés à propos de leur propre *mishaq* se souviennent de leur excitation et de leur enthousiasme. La famille offrait des habits neufs aux enfants qu'ils porteraient le jour de la cérémonie. Les garçons recevaient la tunique blanche, *sayô* et des pantalons blancs, des chaussures neuves et le couvre-chef (*topi*). Ce dernier pouvait épouser la forme de la tête ou former une sorte de bonnet allongé ; il ne s'agissait pas encore du *topi* actuel, blanc avec de fins motifs dorés. Comme aujourd'hui, les filles tenaient une corde rouge qui les reliait au Coran du *moulla*. Le jour venu, les jeunes s'asseyaient en ligne dans la mosquée. Durant la cérémonie, les garçons étaient assis alignés devant et les filles derrière, alors qu'aujourd'hui, leurs *mishaq* respectifs n'ont pas lieu en même temps.

Le *moulla* s'exprimait en goudjerati – contrairement à l'*amil saheb* actuel qui parle arabe – et insistait sur quatre devoirs religieux (*farizat*) : faire le jeûne (*rodja*), réciter le Coran ou le lire au moins une fois dans la journée, faire les prières quotidiennes (*namaz*), et respecter les parents.

Le *moulla* affirmait « kaho nam », c'est-à-dire « dites oui » et les jeunes lui répondaient « nam » en chœur. Il insistait : les jeunes devaient s'exprimer à haute et intelligible voix. Il faisait répéter ceux qui, estimait-il, n'avaient pas fait montre de suffisamment de conviction. A la fin du *mishaq*, les jeunes étaient accueillis par les membres de leur famille qu'ils saluaient de manière traditionnelle (*salaam*). De retour à la maison, les jeunes recevaient des cadeaux. Souvent, les familles organisaient un repas communautaire à la mosquée, suite au *mishaq* de leur enfant.

Force est de constater les différences entre l'ancien texte du *mishaq* récité par le *moulla saheb* et le serment d'allégeance au leader religieux énoncé par l'*amil saheb* de nos jours. L'ancien *mishaq* mettait l'accent sur trois pratiques religieuses et une norme sociale : le respect des parents.

Le texte du serment d'allégeance peut quant à lui se résumer ainsi. D'abord, c'est précisément un serment d'allégeance. Une obéissance totale est due au leader religieux, en tant que représentant de l'*imam* caché. Cette obéissance doit exister en toute occasion et n'a pas de limite. De plus, le serment insiste sur les conséquences terribles d'une rupture de serment : le Bohra perd son statut de croyant (*mumin*) et devient un infidèle qui n'a plus droit à la rédemption.

Tout se passe comme si le recours à des textes anciens d'une époque où les Ismaéliens constituaient une secte cachée car persécutée se fait en fonction des enjeux de la lutte contre les réformistes et contre la division de la communauté bohra. L'usage de textes anciens permettrait au *dawat* d'accroître le contrôle et la sujétion des Bohra.

A l'opposé de la conception d'appartenance aux gens du Livre largement partagée par les Bohra de Madagascar, ce rite, tel qu'il a été imposé par le centre religieux, véhicule la notion très restrictive de *mumin*, comme croyant, fidèle du leader religieux et membre de la communauté. Cette notion est pour le moins exclusiviste : elle fait de tous les autres musulmans et de tous les croyants en d'autres religions des infidèles.

Ainsi ce rite opère une clôture du groupe sur le plan symbolique. Au niveau social, l'endogamie est renforcée. En effet, tout étranger à la communauté souhaitant épouser un ou une Bohra doit accomplir le serment d'allégeance et accepter une obéissance totale à l'égard du leader religieux. Dans les rares situations où l'étranger consent à faire le rite, le passage d'un groupe à l'autre - habituellement par un ou une Occidental/e -, loin de dissoudre l'ethnicité bohra renforce considérablement la frontière ethnique : une visibilité particulière est attribuée au rite qui consacre la supériorité des Bohra et c'est généralement le leader religieux lui-même qui y préside.

Tout se passe comme si la communauté bohra de Madagascar (et d'ailleurs ?) avait sélectionné un symbole le leader religieux et une notion « mumin » parmi de nombreux mis à leur disposition par leur religion[186]. Ce « choix minimaliste » opéré par la communauté bohra prétérite-il le maintien de l'appartenance bohra ? Selon Barth,

One major impetus to ethnicity arises if people can be made to join in creating the appearance of discontinuity by embracing a few neatly contrasting diacritica, rather than the variable and inconstant whole of culture. An imagined community is promoted by making a few such diacritica highly salient and symbolic, that is, by an active construction of a boundary (Barth 1994: 16).

Loin de constituer un handicap pour produire de l'ethnicité, se référer de manière si intensive spécifiquement à deux symboles participe au renforcement de la frontière ethnique.

Politique économique du centre religieux

Afin d'examiner les influences du centre religieux sur l'ethnicité bohra à Madagascar, la politique économique du *dawat* doit également être abordée. Chez les Bohra religion et économie ne sont pas deux mondes opposés. En atteste la politique économico-religieuse du *dawat* qui se donne pour objectif notamment : de donner un sens religieux aux transactions marchandes et d'encourager les Bohra à faire du commerce. Une banque religieuse (*karzé hassana*) octroie des prêts sans intérêts uniquement aux Bohra qui ont un projet commercial ou industriel. L'ensemble des échanges économiques entre la banque religieuse et les Bohra portent des noms religieux et doivent apporter des bénédictions.

---

[186] Notons que la pureté elle aussi fait partie du substrat culturel sur lequel se fonde le plus intensivement la frontière ethnique.

L'administration religieuse transmet encore des conseils, des autorisations et des bénédictions en matière économique. De plus, le *dawat* prélève encore de nombreux impôts.

Tout se passe comme si certains Bohra de Madagascar qui connaissaient les changements institutionnels en cours à Bombay sont parvenus à accumuler du capital social (connaissance du haut clergé), économique et symbolique en exploitant la politique du centre religieux. Ils ont acheté un titre de *sheikh* au centre religieux et sont devenus particulièrement influents dans leur communauté locale. Leur réussite et leur autorité renforcée suscitent des divisions entre Bohra.

Ainsi, les effets de la politique du centre religieux sont très ambivalents : la frontière ethnique bohra est renforcée et rigidifiée, mais en même temps, des dissensions émergent dans la communauté.

Les effets de la circulation migratoire sur l'identité ethnique bohra

Comme nous l'avons vu la plupart des familles bohra sont dispersées entre Madagascar, la France et la Réunion. Pour 6000 à 7000 Bohra vivant à Madagascar, il y en a environ 1000 en France et 300 à la Réunion tous originaires de Madagascar.

Tout se passe comme si la participation à la société française amenait généralement les Bohra à une prise de distance vis-à-vis des instances religieuses et de l'orthodoxie bohra. Plusieurs phénomènes semblent avoir favorisé un éloignement à l'égard des institutions religieuses. La migration des Bohra de Madagascar en France a eu lieu de manière progressive depuis le début des années 1960. A Paris, la communauté ne s'est que peu à peu organisée. La première salle de réunion et de prière (*hall*) est apparue en 1982 et le premier *amil saheb* ne fut envoyé de Bombay qu'en 1985. En province aucune institution communautaire n'a été mise en place, or c'est là que vivent 50 à 60% des

Bohra de France. Les Bohra n'ont donc pas disposé d'infrastructures religieuses suivant leur lieu et leur année d'arrivée. Deux autres facteurs semblent avoir renforcé cette prise de distance avec les instances religieuses et l'orthodoxie : d'une part la stigmatisation des populations musulmanes dans la société française, d'autre part le contrôle communautaire beaucoup plus faible qu'à Madagascar.

Mais le processus de participation à la société française est plus complexe que cela. Depuis 1985, des prêtres (*amil saheb*) professent l'orthodoxie bohra à Paris. Sous leur égide, une fraction de la communauté bohra de Paris a adhéré à l'orthodoxie et à ses institutions.

Des Bohra fervents défenseurs de l'orthodoxie exercent une pression sur les membres de leur famille à Madagascar. Ainsi, le centre exerce non seulement un contrôle direct sur les Bohra de Madagascar au moyen de ses émissaires religieux envoyés sur place, mais aussi une influence médiatisée.

Les échanges internationaux s'avèrent donc complexes. Cette complexité résulte de la diversité des sociétés d'installation et des dynamiques spécifiques qui s'y mettent en place et qui entrent en relation.

L'histoire d'un Bohra de France illustre bien cette complexité. Le frère de ce Bohra qui vit à la Réunion l'a incité pendant des années à se rallier à l'orthodoxie bohra, à se rapprocher du clergé et à investir économiquement dans le *dawat*. Pour finir, ses efforts ont été couronnés de succès. Le frère de France a suivi ses conseils, tant et si bien qu'il fait partie de la fraction qui s'affiche favorable à l'orthodoxie. Il participe plus activement à la vie religieuse bohra et attribue sa réussite économique à son regain de religiosité.

Actuellement, le Bohra de Paris est très opposé au comportement vis à vis de la religion de son autre frère, celui qui est resté à Madagascar. En effet, ce dernier est connu localement pour être un réfractaire à l'Islam daoudi bohra et mener une vie dissipée. Ce Bohra de Paris fait pression sur lui afin qu'il entre dans le rang et qu'il suive les préceptes religieux et respecte les prêtres.

Les influences portent sur les attitudes à l'égard du leader spirituel et de l'orthodoxie. Or il s'agit-là précisément des dimensions définitionnelles de l'ethnicité bohra. Ainsi, l'appartenance ethnique bohra est redéfinie et renforcée dans un espace transnational quadripolaire s'étendant de Madagascar, au Nord-Ouest de l'Inde, à la France et à la Réunion.

BIBLIOGRAPHIE

Appadurai Arjun (1991), « Global Ethnoscapes : Notes and Queries for a Transnational Anthropology » in: FOX R. G. (éd), *Recapturing Anthropology, Working in the Present*, Santa Fe, New Mexico, School of American Research Press, pp.191-210.

Barth Fredrik (1969a), « Introduction », in: Barth Fredrik, *Ethnic groups and boundaries : The social organization of Culture Difference*, Bergen/ Oslo, Universitetsforlaget, London, George Allen et Unwin, p.9-38.

Barth Fredrik (1969b), « Pathan Identity and its Maintenance », in: Barth Fredrik, *Ethnic groups and boundaries : The social organization of Culture Difference*, Bergen/ Oslo, Universitetsforlaget, London, George Allen et Unwin, p. 116-134.

Barth Fredrik (1994), « Enduring and emerging issues in the analysis of ethnicity », in: Vermeulen, H. Govers, C. (éds), *The anthropology of ethnicity. Beyond "Ethnic Groups and Boundaries"*, Amsterdam: Het Spinhuis, pp.11-32.

Basch L., Glick Schiller N. et Szanton Blanc C. (1994), *Nations unbound; Transnational Projects, Postcolonial Predicaments, and Deterritorialiszed Nation-States*. Australia (...), Gordon and Breach Publishers.

Blanchy Sophie (1995), *Karana et Banians, les communautés commerçantes d'origine indienne à Madagascar*, Paris, L'Harmattan.

Boivin Michel (1998), *Les Ismaéliens. Des communautés d'Asie du Sud entre islamisation et indianisation*, Türnhout (Belg.), Editions Brepols.

Centlivres Pierre, Centlivres-Demont Micheline (1988), *Et si on parlait de l'Afghanistan ?*, Neuchâtel, Editions de l'Institut d'ethnologie, Paris, Editions des sciences de la Maison de l'homme.

Daftary, Fahrad (1990), *The Ismailis : their history and doctrines*, Cambridge, Cambridge University Press.

Douglass W.A. et Lyman, S.M. (1976), « L'ethnie : structure, processus, saillance ». *Cahiers internationaux de sociologie* LXI, p.197-220.

Delval Raymond (1987), *Musulmans français d'origine indienne*. Paris, CHEAM.

Fyzee, A.A.A. (1960), « Bohoras », in Gibb, H.A.R. et Kramer, J.H. et al., *Encyclopédie de l'Islam*, Leyde, E.J.Brill, Paris, C.P. Maisonneuve.

Guenier Noël Jean (1994), *Les chemins de l'Islam à Madagascar*, Paris, L'Harmattan.

Gay Denis (1999), « Aspects de la construction sociale de la frontière ethnique des Gujarati à Madagascar », in: Lilo Roost Vischer, Anne Mayor, Dag Henschen, *Passages et frontières*, Hamburg, Münster, London: Editions LIT, p 281 – 289.

Gay Denis (2000), « Les Bohra comme communauté transnationale: redécouverte du pays d'origine et mythe de la patrie d'adoption », in: Centlivres, Pierre et Girod, Isabelle (éds) *Les défis migratoires*, actes du colloque CLUSE, Neuchâtel 1998, Zürich: Editions Seismo, p 288-296.

Gay Denis (2003), «Transnationalités ambiguës», *Migrations & Société*, vol 15, no90, novembre-décembre, p 99-111.

Gay Denis (2005), « The policy of the religious centre in Bombay towards a Gujarati community of Madagascar», Quaderni CREAM (Centro delle Ricerche EtnoAntropologiche Milano), vol. III, p.43-58.

Gay Denis (2006), « Le rôle du commerce dans la construction de la frontière ethnique entre Karany et Malgaches dans la société malgache », *Bulletin d'Etudes Indiennes*, sous-presse.

Gay Denis (2007), *Les Bohra de Madagascar : religion, commerce et échanges transnationaux dans la construction de l'ethnicité*, Münster, Lit-Verlag (Collection : Freiburger Sozialanthropologische Studien).

Redfield Robert (1956), *The little community*, Chicago, The University of Chicago Press.

Rouse Roger (1991), « Mexican Migration and the Social Space of Postmodernism » in: Inda, Jonathan Xavier et Rosaldo, Renato (éds), *The anthropology of globalization*, Malden (Massachussets), Oxford, Blackwell publishers, 2ème éd. 2002, pp.157-170.

Pearson M.N. (1976), *Merchants and Rulers in Gujerat. The response to the Portuguese in the Sixteenth Century*, Berkley, Los Angeles, London, California University Press.

8.

ISLAM SHIA ITHNA ASHERI ET MIGRATIONS CHEZ LES KHOJAS, 1860-1925

Ludovic Gandelot

Il s'agit pour nous ici de revenir sur les origines de l'Islam shiite duodécimain (ithna asheri) chez les Khojas. Nous n'insisterons pas sur les procès qui ont déjà été étudiés[187] et qui, en un sens, ouvrent de nouvelles périodes historiques. Ce sont avant tout les décennies précédentes que nous aimerions éclaircir. Les contestations sont déjà anciennes, nous le verrons, et l'ethos urbain des Khojas de Bombay est tel qu'il rend difficile toute tentative d'émancipation. Mais le dernier tiers du 19ème siècle surtout est fondateur. Il s'y conjugue deux phénomènes qui retiendront notre attention. Celui de l'apparition d'un parti contestataire au sein des Khojas revendiquant leur appartenance à la voie ithna asheri de l'islam shiite et celui de l'intensification des migrations commerciales vers la côte est de l'Afrique et Madagascar via Zanzibar. Cette simultanéité des processus nous paraît devoir être mise en lumière. L'hypothèse est que cet espace de l'outre-mer constitue un terrain favorable et nécessaire à l'émancipation de ce qui, plus tard, devait devenir la communauté khoja shia ithna asheri.

Nous illustrerons notre propos sur le rôle fondamental de ces espaces océaniques et de leurs interconnexions à travers

---

[187] Sur ce sujet précis et sur le thème général de notre article, voir Masselos 1978 et Boivin 1997.

les cas de Bombay, de Zanzibar et de Madagascar. Nous suivrons l'histoire de ce réseau pionnier à travers certains des acteurs qui l'ont incarné (Dewji Jamal, Nassor Nurmuhammed, Shaykh Mulla Qadir Hussayn notamment) et qui illustrent la rencontre qui s'opère alors entre hommes d'affaires et missionnaires à la fin du 19ème siècle dans l'océan indien occidental.

Cette histoire demeure, jusqu'à présent, délicate à aborder. D'abord car elle insinue un doute dans les fondements de la croyance des Khojas ismaïliens: la réalité de l'imamat et l'infaillibilité de l'*imam*. Or on ne peut appréhender correctement l'ismaïlisme nizarite actuel sans considérer l'amour que portent les ismaïliens à leur *imam*. De plus, en vertu du principe communautaire, la scission religieuse, quelle que soit son orientation, vient remettre en question l'unité du groupe.

L'existence de certains groupes dits périphériques susceptibles de remettre en question l'autorité de l'*imam* ou de ses institutions n'incite pas toujours les Khojas ismaïliens à revenir sur ce passé vécu comme un temps de violence et de profonds conflits. Le simple questionnement est parfois jugé à la hâte et de façon péjorative comme une tentative de désunion. Même parmi certains libres penseurs quelque peu contestataires persiste l'idée que l'on ne doit pas donner une mauvaise image de soi et du groupe ; cette disposition culturelle tout à fait légitime ne facilite pas le travail de l'historien qui tente d'y voir plus clair.

L'histoire de la communauté ithna asheri est abordée plus facilement par ses propres membres. La scission est à l'origine du groupe. En ce sens elle ne peut-être éludée car cela reviendrait à nier sa propre existence. A l'inverse des ismaïliens, on l'aura compris, la rupture ithna asheri a pu être valorisée car elle fonde l'identité de la nouvelle communauté. Des précautions doivent toutefois être prises dans le traitement des informations. Celles qui apparaissent dans les publications communautaires tendent parfois à orienter l'historique du groupe. Elles ne falsifient pas les évènements mais les orientent parfois, consciemment ou non d'ailleurs. Ce sont notamment les datations qui posent problème car le parti ithna asheri tente parfois de valoriser son ascendance en présentant des datations (fondations de mosquées, d'*imambara*[188], *kabrastan*[189], pratiques des rituels typiquement duodécimains) parfois précoces. Ces dates s'appuient sur les références à la pratique du *namaz*[190] et aux douze premiers *imams*. Or les transformations du 19ème siècle d'abord et l'esprit de l'ismaïlisme empêchent de considérer ces éléments comme déterminants.

L'intérêt est donc de réussir à appréhender correctement ce que pouvait être la communauté khoja à la charnière des 19ème et 20ème siècle. La réussite de l'entreprise dépend peut être de la capacité que nous aurons à ne plus se focaliser uniquement sur les critères de l'altérité des pratiques rituelles et à mettre en lumière l'histoire des relations que les Khojas entretiennent entre eux malgré l'affirmation progressive, au cours du 20ème siècle, de leurs différences.

UNE NOUVELLE COMMUNAUTE

Rupture : des précédents éclairants, le *jamat* sunni khoja.

La dissidence ithna asheri n'est pas une nouveauté. Au 19ème siècle, la communauté khoja a connu des précédents. On trouvera dans la rupture de certains Khojas qui se sont engagés dans la voie de l'islam sunnite des parallèles éclairant le phénomène de l'émergence d'un parti ithna asheri au sein de la communauté. Les motivations semblent être du même ordre. Les classes économiques les plus riches sont

---

[188] Maison de l'*imam* et salle de réunion.
[189] Cimetière.
[190] Prière.

celles qui se questionnent et qui sont susceptibles de remettre en question l'autorité de l'*imam*. Les partisans de la voie sunnite étaient connus autrefois comme formant le groupe des *Barbhay* (« 12 frères »). Groupés autour d'Habib Ibrahim qui refusa de payer le *dasond*, le 10ème des revenus que les Khojas donnent à leur *imam*, certaines personnalités khojas très influentes de Bombay contestèrent les prétentions de l'*imam*. Pour beaucoup les *Barbhay* étaient de grands commerçants en relation avec l'extrême orient, la Chine et le Japon[191]. Bien que numériquement faible, le groupe existe toujours actuellement.

On observe en particulier que le mode de légitimation est le même. Dans les deux cas (Sunni Khoja et Khoja ithna asheri), on nie avoir reconnu un jour un *imam* présent ayant autorité sur le groupe. On tente de démontrer que les pratiques sunnites ou ithna asheri ne sont pas une façade instaurée comme mode de *taqiyya* mais bien une vérité vécue depuis les missions des premiers *pir*s.

Ces réclamations et procès révèlent l'importance de certains enjeux politico-économiques. Les contestataires ne se contentent pas de rentrer en dissidence et de se séparer du reste du groupe en formant un *jamat* séparé, chose qu'ils feront par la suite. Ils tentent d'abord de s'imposer à l'ensemble du groupe. Ces prétentions expliquent la gravité des tensions qui ont pu exister. Si les facteurs économiques sont clairement énoncés dans la genèse de la dissidence sunnite, ils ne le sont pas dans celle de la dissidence ithna asheri. Ils le deviendront très clairement par la suite lors du procès de Haji Bibi et dans le processus d'expansion du mouvement ithna asheri dans le contexte des migrations de commerce et du vécu en outre-mer.

On doit se souvenir enfin que dans les deux cas, il s'agit d'un processus long de plusieurs décennies. Il faut presque

---

[191] Sur ce phénomène et l'histoire des Sunnis Khojas *voir An Account of the khoja sunnat jamat*, et Masselos 1978.

35 ans pour que les opposants, partisans de la voie sunnite, se construisent en communauté autonome. En 1829, avec la mission de Bibi Mariam, grand-mère d'Agha Khan I, et de Miran Abul Kassim qui fait écho aux troubles politiques en Perse, Habib Ibrahim refuse de payer le *dasond*. Ce n'est qu'en 1862 que les Barbhays sont définitivement exclus du groupe.

L'origine du parti ithna asheri se situe peu de temps après et il consolidera ses différents suite au Haji Bibi Case en 1908. Cette relative longueur est révélatrice à nouveau de la dynamique communautaire et de l'importance des relations sociales au sein du groupe. La dissension religieuse remet en question l'identité du groupe et donc son unité. Or dans le contexte de l'ismaïlisme indien, la religion se conjugue avec le système de caste. La conséquence est que toute l'organisation sociale du groupe s'en trouve perturbée. Les décennies marquées par les va et viens des membres, leur exclusion, réintégration et compromis témoignent aussi de la difficulté à s'extraire du groupe et des tentatives faites pour empêcher toute radicalisation des mésententes. Des mesures de rétorsions sont à l'œuvre pour sauvegarder l'unité du groupe et empêcher la rupture. Les plus immobilisantes furent sans doutes celles liées à la mort et à l'interdit de l'accès au cimetière communautaire. Ces mesures pour être sans doutes des plus efficaces ont également eut les effets inverses les plus radicaux. S'il ne cède pas, le parti dissident n'a d'autres solutions que de consommer ses différences et de travailler désormais à la constitution d'un *jamat* nouveau.

Le facteur temps, commun aux deux mouvements, est un élément important sur lequel on doit s'appuyer pour comprendre la nature des relations qui lient les membres du groupe entre eux. Il illustre l'ambiguïté des relations faites de rejets, parfois virulents, et de perpétuation des relations. En Inde, les procès illustrent l'impossibilité finale de s'entendre et le franchissement d'un point de non retour.

Naissance de la communauté khoja ithna asheri à Bombay

La naissance de la communauté khoja ithna asheri conserve des éléments encore inexpliqués que nous aimerions pouvoir éclairer un jour. Pour des raisons déjà exposées, nous sommes en grande partie dépendant du point de vue ithna asheri ; il est difficile de confronter les sources, et pour cette raison, ce qui sera dit doit être encore être regardé avec précaution. Nous avançons des hypothèses plus que des vérités.

Les mémoires racontent qu'un groupe de pèlerins khojas en route pour la Mekke s'arrêta à Kerbala[192]. Parmi ces derniers, seuls les noms de Dewji Jamal et Nassor Nurmuhammad nous sont connus. Ils furent présentés par le truchement de rencontres successives et inattendues à un lettré connu sous le nom de Shaikh Zainul Abedin Mazandarani. Ce dernier les initia, dit-on, à la religion « vraie », celle de l'islam shiite duodécimain. Les pèlerins restèrent à Kerbala un temps et s'en retournèrent à Bombay.

C'est ici qu'entre en scène un personnage clé dans l'histoire de la communauté khoja ithna asheri naissante : Shaykh Mulla Qadir Hussayn. Le début de son existence nous est méconnu également. On sait que c'est un Indien de Madras qui décida de quitter son pays natal pour Kerbala où il aurait pris la décision de vivre jusqu'à la fin de ses jours, dans la prière et le recueillement. Sur les injonctions de Shaykh Mazandarani, il part pourtant avec le groupe de pèlerins qui retourne à Bombay, avec la mission d'instruire les Khojas sur l'islam duodécimain. Nous sommes en 1872 et cette date pourrait être considérés comme une datation commode pour marquer la naissance de la communauté ithna asheri khoja. Datation commode et symbolique car le processus de scission et de création d'un *jamat* séparé est long.

---

[192] Voir Walji 1993.

Certains témoignages affirment que Shaykh Mulla Qadir Hussayn arriva à Bombay 10 ans auparavant, en 1862, qu'il s'en serait retourné pour des raisons méconnues, mais qu'il nous faut replacer dans le contexte de la pétition pour l'abandon des pratiques manifestement sunnites et l'exclusion du groupe d'Habib Ibrahim. Cette possibilité, qui n'explique pas les mécanismes qui conduisent à l'établissement des premiers contacts, permet au moins de relire les évènements avec plus de sens critique que ne le font certains souvenirs. En effet, les récits décrivent la rencontre du groupe de Khojas avec Shaykh Mazandarani et Mulla Qadir Hussayn avec une telle simplicité qu'elle n'en paraît parfois que peu crédible. Une mission antérieure dix ans auparavant pourrait expliquer la forme de ce souvenir.

A Bombay, Mulla Qadir Hussayn enseigne à Dongri au cœur du quartier khoja. Depuis 1872 et pendant 25 ans, jusqu'à la fin de sa vie, il poursuivra sa mission visant à inculquer aux Khojas les fondements, pratiques et croyances, de l'islam shiite duodécimain. Dewji Jamal, qui était l'un des pèlerins évoqués ci-dessus, et Kalfan Ratansi sont reconnus pour avoir été parmi les soutiens les plus proches de Mulla Qadir Hussayn. La proximité géographique de la maison de Mulla avec le *jamatkhana* symbolise les tensions qui ont pu exister dans le groupe. On sait que le groupe se réunit secrètement chez le Shaykh, tout en partageant le *jamatkhana* principal. Le groupe devient connu sous le nom de « petit *jamat* ». Mais son influence pose problème et Dewji Jamal fut exclus en 1877. Cet événement le poussa à s'installer à Zanzibar où ses affaires étaient déjà engagées.

DISPERSION DANS L'OCEAN INDIEN

La scission s'étend, le rôle de Zanzibar

L'originalité du mouvement ithna asheri est que bien que prenant racine au cœur de Bombay, avec la mission de Mulla

Qadir Hussayn, il trouve les moyens de son émancipation à l'étranger. Cet espace de l'outre-mer est Zanzibar qui est le lieu par excellence des migrations khojas et gujaraties en général liées aux sultans d'Oman et donc de Zanzibar.

Dewji Jamal est un de ces grands commerçants qui fait fortune à l'étranger. Sa maison est installée à Bombay et à Lamu depuis les années 1870[193]. A partir de 1895, il s'installera à Mombassa alors en pleine expansion. Lors d'un de ses voyages à Bombay en 1877, il est exclu de la communauté et il retourne à Zanzibar[194]. Il est accompagné d'Allarakhia Walli qui, lui, vient pour la première fois à Zanzibar. Les deux hommes ont eu le temps de faire une collecte à Bombay. Elle s'élève à 8.000 roupies. Des Khojas de Zanzibar s'y sont joints : les deux frères Walji Rawji, Mohammedjaffer (qui achète également un terrain pour les enterrements) et Jhanmohammed, ainsi que Walli Nazerali. L'argent servira à la construction de la première mosquée et de l'*imambara*, en partie financée par Rehmtoullah Tejani et Mohammed Walli Dharsi. En 1882 est officiellement ouverte la première mosquée khoja ithna asheri, sous le nom de Khoja Shia Ithnaashri Kuwwatul Islam Jamaat[195]. Le premier président en est Pira Walli. Alibhai Nathoo, de Nangalpur, qui arrive sur la scène de Zanzibar en 1886, deviendra président du Kuwwat *jamat* pour 23 ans.

Pendant ce temps à Bombay, des Khojas en rupture qui ont côtoyé Mulla Qadir Hussayn travaillent à l'expansion de la foi ithna asheri parmi les Khojas. Haji Gulam Ali Ismail dit Haji Naji est un écrivain impressionnant à qui l'on attribue, à tort ou à raison, plus de 400 ouvrages. Outre une traduction commentée du Coran en gujarati qui aura un impact important, il est l'initiateur à partir de 1892 de *Rahe Najat* (« le chemin salvateur »), un périodique prosélyte et

---

[193] Voir Janmohamad 1986.
[194] Voir King et Rizvi 1973 : 15.
[195] Voir Dharamsi 1999.

engagé dont des exemplaires sont envoyés dans l'océan indien, et de l'extrême orient à l'Angleterre. Lui même ne voyage sans doute pas hors de l'Inde mais ses écrits sont un outil déterminant dans la diffusion de la nouvelle foi parmi les Khojas en migration.

Dans l'entourage proche de Mulla Qadir Hussayn, Abdulla Saleh Sachedina part lui aussi pour Zanzibar où il aura une audience considérable. Depuis Zanzibar également les Khojas ithna asheri s'emploient à renforcer leur communauté naissante et, de même que *Rahe Najat* est publié à Bombay, *Salsabil* est envoyé dans la communauté d'Afrique de l'est.

Shaykh Mulla Qadir Hussayn est rejoint par un lettré de Najaf, Shaykh Abulqassim. Contrairement au premier, le second est en mission plus officielle et dirige les prières à la mosquée iranienne. Mulla Qadir travaille dans l'ombre et initie les Khojas qui, pour les plus engagés, côtoieront Shaykh Abulqassim. L'officialisation de la communauté ithna asheri à Bombay demande plus de temps. C'est Abulqasim qui demande à un riche commerçant iranien de soutenir les Khojas dissidents en facilitant les démarches pour l'obtention d'un nouveau cimetière. Car Khalfan Ratansi qui, dès le départ, a hébergé Qadir Hussayn sur la demande de Dewji Jamal, et qui vient de perdre sa fille, se voit refuser l'accès au cimetière khoja ismaïlien. La mosquée ithna asheri khoja de Dongri juste à côté du *jamatkhana* n'est construite qu'entre 1899 et 1901, donc presque vingt ans après que celle de Zanzibar ait été édifiée, et au même moment que celle de Maevatanana à Madagascar.

Le pendant de Shaykh Abulqassim est Agha Sayed Abdulhussain Jawaad Marshi Musawi. Celui ci est envoyé à Zanzibar comme *alim* sur la demande de Dewji Jamal car la nécessité d'un lettré capable de diriger les pières se fait sentir.

Le cas de Madagascar
Au 20ème siècle, Madagascar est un cas particulier.

Comparée à l'Afrique de l'est britannique, la communauté indienne de Madagascar est peu importante, à la fois en nombre mais surtout en proportion de la population totale. Pour des raisons diplomatiques liées aux relations politiques franco-britanniques, les migrations de travailleurs indiens sont marginales voire quasi-inexistantes. Ceci explique la faiblesse numérique du groupe et sa relative homogénéité. Contrairement à ce qui se passe dans les territoires contrôlés par le gouvernement britannique, la / les communauté(s) indienne(s) à Madagascar sont exclusivement gujaraties et commerçantes. Il faut cependant signaler dans la seconde moitié du 19ème siècle l'installation d'Indiens originaires du sud de l'Inde et arrivés à Madagascar après s'être installé à Maurice et à la Réunion[196]. Cette migration n'ayant pas fait souche à Madagascar, il ne reste qu'une communauté originaire du Gujarat et exclusivement tournée vers le commerce et l'artisanat.

L'arrivée plus tardive des Khojas à Madagascar (par rapport aux Bohras notamment) se conjugue donc avec la scission qui s'opère au sein du groupe. La conséquence la plus manifeste est la surproportion du parti devenant ithna asheri par rapport au groupe restant ismaïli. En Afrique de l'est britannique, les Khojas ismaïlis sont en proportion toujours plus nombreux que ceux devenant ithna asheri. A Madagascar, les deux groupes sont numériquement comparables. Tant et si bien qu'à Madagascar et à l'extérieur de la communauté gujaratie, le terme khoja s'applique uniquement à la communauté ithna asheri. Ceci, il est vrai, est aussi le résultat des tendances propres à la communauté ismaïlienne qui s'efforce de rassembler les différentes communautés ismaïliennes nizarites.

Du fait d'un critère géographique simple, le relatif éloignement de l'île par rapport au Gujarat, les migrations et l'installation se font plus tardivement qu'à Zanzibar où en

---

[196] Voir Bavoux 1990.

Afrique de l'est. Le développement des réseaux commerciaux khojas à Madagascar se comprend comme une extension des maisons de commerce de Zanzibar, via Nosy-be puis Majunga à l'heure de la conquête coloniale française.

Exemple de réseaux commerciaux entre Zanzibar et Madagascar

Nassor Noormuhammad est un homme du 19ème siècle qui anime un réseau d'affaires entre Porbandar, Bombay, Zanzibar et Madagascar. Il est un des fameux pèlerins qui fit le voyage à Kerbala avec Dewji Jamal. A sa mort en 1901, sa femme cherche à recouvrir l'argent laissé en crédit dans ses différentes agences. Il y en a pour près d'un demi million de roupies sur lesquels 125 000 roupies se trouvent à Madagascar. Les relations sont bonnes entre les Français, les Khojas et les Indiens en général à cette époque. C'est le gouvernement colonial qui aide sa veuve à récupérer l'argent[197]. Nassor Nurmahhamd ne s'installe probablement pas à Madagascar mais il anime un réseau tout à fait caractéristique du système marchand et migratoire des communautés commerçantes gujaraties.

Il emploie d'abord quelqu'un (A) de sa communauté à Bombay. Celui-ci, une fois qu'il a été formé au négoce, le rejoint à Zanzibar et il est remplacé par un autre employé (B). Au bout de quelques années, il envoie une personne de confiance (A) de Zanzibar à Nosy-be pour étendre le réseau de commerce. Pour fonctionner, le système nécessite d'être en mouvement. De Bombay (B) remplace (A) à Zanzibar et est lui-même remplacé par (C) à Bombay. Le système se poursuit car depuis Nosy Be, les agents de Nassor Noormuhammad créent leur propre affaire à Diego-Suarez et

---

[197] "The historic Nasser Noormohamed Charitable Dispensary Bilding-Zanzibar", in *Federation Samachar*, April 1999: "However, after great efforts by the trustees and pressure from the French authorities then ruling in Madagascar, one entire major debts of Rupees 125,000 was recovered over a period by regular instalments."

à Majunga. C'est ainsi que Sharif Jiva Surti, Nathoo Premjee, et Hassam Rajpar ont tour à tour côtoyé les magasins de Bombay, Zanzibar et Nosy Be, puis créent leur propre affaire en animant, à leur tour, des réseaux marchands à Madagascar.

Parmi les pionniers qui développent des agences à Madagascar, on trouve Ali Tahora. Né vers 1832 à Zanzibar où il côtoie Nassor Noormuhammad, il part très tôt pour Madagascar et Nosy Be, probablement vers 1850. De là il gère un réseau puissant d'agences sur toute la côte ouest et il représente la communauté indienne musulmane de Majunga, alors que les Français n'ont pas encore pris possession du territoire. Il fera venir un grand nombre de Khojas qui s'installeront sur toute la côte ouest et qui deviendront aussi des agents de l'engagement de la communauté sécessionniste dans de véritables pratiques ithna asheri.

Le système qui fonctionne sur le crédit et l'avance sur marchandises nécessite une forte cohésion des membres entre eux et explique pourquoi les réseaux sont avant tout familiaux ou communautaires. C'est en partie pour cette raison également qu'une étude identitaire sur les processus de division de la communauté khoja ismaïlienne est indissociable de l'étude des réseaux marchands.

L'éloignement joue comme un filtre qui fait relativiser les enjeux de la conversion. Il ne faut pas oublier qu'au début de la colonisation française, la très grande majorité des migrants ne conçoivent pas de s'installer définitivement à l'étranger. Les migrations sont perçues comme temporaires. Ceci explique la relative aisance avec laquelle certains ont pu accepter de se « convertir ». Il faut employer ce terme avec précaution car il s'agit avant tout de s'intégrer à un réseau d'influence économique et social dirigé par des patrons qui faciliteront les projets personnels du migrant : s'enrichir et

SCHEMA ILLUSTRANT LES RESEAUX DE NASSOR NOORMUHAMMAD ET DE ALI TAHORA ENTRE ZANZIBAR ET MADAGASCAR

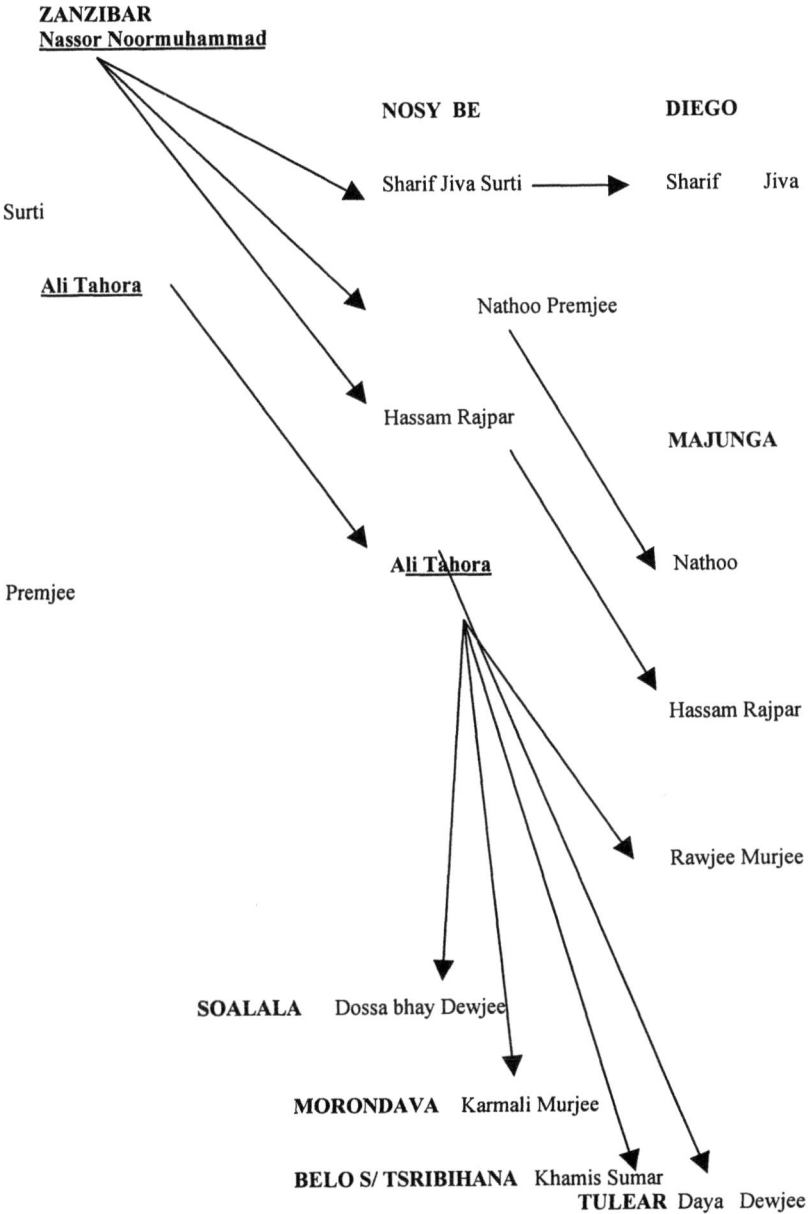

retourner au pays. Au tournant du 20ème siècle il est probable que le qualificatif identitaire d'ithna asheri ne fasse référence, à Madagascar, qu'à un parti de contestation et non à une véritable maîtrise des rituels et des fondements théologiques qui distinguent l'ismaïlisme nizarite du shiisme ithna asheri.

Ce sont donc surtout les nouveaux migrants et futurs employés qui viennent remplir les rangs du parti dissident. Il existe pourtant des cas de conversions en haut de l'échelle socio-économique khoja. Parmi certaines familles puissantes et engagés depuis plusieurs générations dans le commerce océanique, avec le Golfe Persique ou l'extrême orient, quelques membres s'installant à Madagascar ont pu se convertir. Là aussi les transferts de religion peuvent être qualifiés d'opportunistes et doivent être compris comme des actes individuels dont les conséquences sont relativisées par l'installation en outre-mer. Certaines conversions sont peut-être à mettre en relations avec la visite de Sultan Mohammad Shah en 1925[198], comme semble l'indiquer certaines sources.

Dans ce dernier cas, il faut dire pour comprendre la nature des relations qui ont pu exister entre les deux communautés khojas du début du 20ème siècle que certains membres influents ont pu côtoyer les deux *jamat*s: ithna asheri à Madagascar et ismaïli à Porbandar. Avant l'officialisation des dissensions à Bombay et à Zanzibar, les Khojas en désaccord sur certains rituels, le *namaz* en particulier, continuaient à partager le même *jamatkhana*. Comme pour le cas d'Habib Ibrahim et de la dissidence sunnite, la réintégration dans le *jamat* était rendue possible par le paiement des arriérés et quelques rituels spécifiques de purification (*gatpath*).

On doit se poser également la question du devenir de la communauté naissante car nous nous trouvons dans le cas d'une migration de travail essentiellement masculine ou en

---

[198] Sulan Mohammad Shah, ou Agha Khan III, fut *imam* des Ismaïliens de 1885 à 1957.

phase de sédentarisation. Dans la continuité de ce qui vient d'être dit sur les possibilités qu'offrent l'éloignement à une double obédience, il nous faudra comprendre comment les relations matrimoniales ont été gérées. Car certains racontent également que des femmes ismaïliennes mariées à des Khojas de Madagascar se sont vues intégrées à une communauté d'orientation ithna asheri en arrivant à Madagascar, chose qu'elles ne soupçonnaient pas et que certaines d'ailleurs n'acceptèrent jamais non plus.

Il faut rappeler que l'administration coloniale perpétue un système déjà à l'œuvre dans les dernières décennies de la royauté malgache en imposant aux minorités de se regrouper en congrégations qui prennent en charge les démarches administratives (contrat de travail, garantie financière en cas de rapatriement). Ces congrégations font fi des différences communautaires internes et elles désignent comme représentants des personnes stratégiques et puissantes qui sont reconnues comme interlocuteurs officiels par l'administration coloniale. Dans le cas de tensions internes, la communauté d'origine des présidents de congrégations peut donc devenir un facteur dans la gestion des relations intercommunautaires. C'est ici qu'il nous faut mettre en parallèle les réseaux de Nassor Noormuhammad et d'Ali Tahora présentés précédemment. Avant même l'annexion française, ce dernier est déjà un représentant de la communauté indienne et musulmane. Nathoo Premjee est un interlocuteur privilégié de l'administration coloniale. C'est lui qui répondra aux attentes de Gallieni (premier gouverneur de Madagascar) en faisant venir des travailleurs indiens pour la construction de la route Antananarivo-Majunga.

La place prépondérante qu'occupent certains marchands d'orientation ithna asheri de Majunga impose à d'autres patrons influents du nord-ouest de Madagascar de nouvelles stratégies migratoires. Parmi les Khojas restés ismaïliens, certains se souviennent encore que le débarquement des boutres, sur lesquels se trouvaient leurs parents, s'effectuait à

Anstoshy ou Analalava afin d'éviter Majunga. Ainsi opéra par exemple Ali Kara, célèbre marchand fortuné du début du 20ème siècle. Cela illustre l'existence de réseaux commerciaux et religieux différents. Ces relatives spécificités géographiques, au regard de l'installation des communautés indiennes, ne sont pas statiques et évoluent au 20ème siècle.

Majunga est un cas particulier : toutes les communautés indiennes y sont représentées. Son cosmopolitisme ancien résulte en grande partie de sa position géographique orientée sur les Comores et par extension vers Zanzibar. Cette caractéristique est bien sûr renforcée à partir de 1895 car c'est de là que les troupes coloniales françaises s'engagent à la conquête de l'île et de sa capitale. Ce choix stratégique de la France réoriente en partie l'organisation des maisons de commerce indiennes dont l'une des forces est la faculté d'adaptation.

Les Bohras sont réputés pour être les plus anciennement établis dans l'île et ceci explique qu'on les trouve alors surtout à Nosy Be, Diego-Suarez, Maintirano et Besalampy. Les Khojas eux aussi sont entrés par Nosy Be mais ils s'orientent surtout vers Majunga, port d'éclatement et de transit.

Parmi les Khojas, les ismaïliens sont les premiers à gagner Antananarivo (familles Kamoula, Ismail, Rawjee, entre autres). Cette spécificité de l'installation des ismaïliens sur les hautes terres de Madagascar trouve son origine dans le soutien qu'ils apportent aux troupes de conquêtes. Ils les accompagnent et parfois leur servent d'éclaireurs. Depuis Marovoay / Majunga et Maevatanana (réputés pour ses filons d'or), ils se dirigent vers Antananarivo. Cette dynamique migratoire se poursuit vers l'intérieur du pays et le sud des hautes terres, Antsirabe et Fianarantsoa.

Cette tendance a son pendant pour les Khojas d'obédience ithna asheri qui s'orientent pour leur part vers le sud de la côte ouest de l'île. Ils s'installent massivement sur la côte entre Morondava et Tulear. C'est dans ces régions d'ailleurs, où les ithna asheri sont majoritaires, que les relations entre les deux groupes sont réputées, chez les Khojas ismailiens, avoir été les plus conflictuelles.

CONCLUSION

Pour tenter d'éclairer les moments encore obscurs de la naissance de la communauté ithna asheri khoja, il nous faut les replacer dans le contexte du milieu du 19ème siècle. Originaires du Cutch et du Kathiawar, les Khojas émigrent vers Bombay en plein essor et commercent avec le sultanat d'Oman. Comme les Bathias qui créent à partir de Mandvi au Cutch un grand réseau commercial dans l'océan indien, les Khojas intensifient leurs migrations vers l'Afrique[199]. A partir des années 1840 se conjuguent deux évènements fondateurs pour la communauté. L'*imam* des ismaïliens nizarites tout juste auréolé du titre d'Agha Khan fuit la Perse et s'installe en Inde où il connaît l'existence d'une communauté de fidèles. Au même moment le sultan d'Oman officialise son influence sur la côte swahilie en faisant de Zanzibar le centre de son pouvoir. Les richesses générées par le commerce des esclaves puis par les plantations de clous de girofle attirent les Khojas qui étendent leur influence. Cette intensification des migrations khojas vers Zanzibar, l'Afrique de l'est et l'océan indien s'opère alors que la communauté en Inde connaît des troubles internes grandissants. La proximité de leur *imam* et l'autorité qu'il exerce sur eux est régulièrement remise en question. Des contestations d'ordre social et économique apparaissent dès 1830 et se soldent en 1862 par l'exclusion d'une partie de la communauté, petite, mais économiquement puissante car engagée dans le

---

[199] Sur l'existence du réseau commercial des Bathias et ses relations avec le sultans d'Oman et de Zanzibar voir la description qu'en fait Richard Burton dans Burton 1856 : 327 et suivantes.

commerce du tissu, du riz et de l'opium avec la Chine. Cet évènement, loin de résoudre toutes les difficultés, s'accompagne de la volonté de l'*imam* de faire abandonner aux Khojas toutes les pratiques manifestement sunnites. C'est à cette même époque que les premiers indices d'existence d'un parti à nouveau contestataire se font jour. Contrairement à la sécession précédente, nous ne savons pas quelles sont les véritables motivations du groupe. Ceux qui devaient devenir plus tard sunnites avaient contesté les prétentions financières d'Agha Khan jugées selon eux exagérées. Dans le cas de la dissension ithna asheri naissante dans les années 1860 / 70, la question financière n'apparaît pas aussi clairement. Est-elle éludée ou bien n'est-elle pas à l'origine des contestations ? C'est que le questionnement des ismaïliens khojas se focalise sur la pratique de certains rites que sont la prière, le jeune, le mois de Moharram et la connaissance de l'arabe.

On peut récapituler ainsi les quelques points qui semblent devoir retenir notre attention. Les pionniers sont des hommes engagés dans le commerce de l'océan indien occidental. Et le mouvement trouve les moyens de son émancipation dans cet espace d'outre-mer. L'exemple de Madagascar, terre fertile à l'expansion de la dissidence chez les Khojas, illustre la façon dont le communautarisme, la religion et le commerce se conjuguent alors.

Ce qui ressort des procès de la seconde moitié du 19ème siècle, tenus à Bombay, est surtout la méconnaissance des Khojas sur leur propre identité religieuse et ce d'autant plus qu'on leur impose de se situer dans l'univers de l'Islam. Ils sont *satpanthis* et pratiquent le *Khoja Panth* ou bien ismaïliens mais ne croient qu'aux douze premiers *imam*s ![200] Ce questionnement traduit aussi la nature du mouvement de contestation. Il s'agit également d'une opposition sociale et politique qui ne parvient pas à s'unir. Les partisans de la voie

---

[200] Tels sont les témoignages parfois surprenants que l'on trouve dans le Haji Bibi Case in *The Bombay Law Reporter* 1909.

ithna asheri savent-ils véritablement qui ils sont et ce dont ils se réclament? Car très tôt le mouvement naissant s'oppose. La fondation de la première mosquée khoja ithna asheri à Zanzibar (1882) est suivie par la fondation d'une seconde (entre 1885 et 1890)[201]. Il semble que l'influence de certains grands patrons ait présidé à ces divisions internes, entraînant avec eux leur réseau commercial et géographique (cutchis et gujaratis ne fréquentant pas tous la même mosquée).

Le quiproquo et la difficulté de parler correctement de cette division communautaire tiennent en grande partie à l'utilisation large de certains qualificatifs. Quelle est le véritable sens du terme "ithna asheri" employé par les Khojas qui s'en réclament? C'est à Lucknow, à la madrassa *ul-waezzin* que certains Khojas de Zanzibar vont parfaire, à partir des années 1920, leurs connaissances et les faire partager à leurs coreligionnaires. A Madagascar, le centre religieux khoja ithna asheri est à Morondava, sur la côte ouest de l'île. Mais des témoignages confirment que ce n'est que tardivement qu'ils intègrent véritablement les pratiques afférentes à cette voie de l'Islam. En d'autres termes, à partir de quand le terme cesse-t-il d'être une référence sociale pour devenir une réalité religieuse?

L'arrivée des missionnaires iraniens et les données géopolitiques des années 1970 ont eu d'importantes conséquences sur les communautés d'origines indiennes d'Afrique de l'est et de l'océan indien : elles ouvraient une période nouvelle. Il faut donc prendre garde de se détacher de ce filtre et à ne pas regarder les Khojas d'antan à la lumière ce qu'ils sont aujourd'hui.

Nous avons essayé ici de faire une histoire de la genèse de la communauté khoja ithna asheri en montrant combien le phénomène migratoire y est essentiel. Mais à partir des

---

[201] Fazal 1999 publié sur le site de la fédération africaine des Khojas : http://www.africafederation.org/fedsamachar/april99/apr99_znz.htm.

années 1920 (et jusqu'aux milieux des années 1975), les communautés de migrants tendent à s'installer définitivement et il devient dès lors nécessaire de traiter chaque communauté locale indépendamment les unes des autres. A Madagascar, les Khojas des deux obédiences reconnaissent souvent avoir été des marginaux dans l'ensemble diasporique qui se constitue au 20ème siècle. Tels des oubliés des institutions centrales d'Afrique de l'est, ils conservent, jusqu'à présent, une certaines forme d'originalité dont l'une des raisons est son vécu en terre francophone. Malgré les efforts entrepris par certains ithna asheri (à l'image des ismaïliens), l'identité de diaspora, dont la religion forme le pivot central, ne s'impose pas de façon unanime et reste toujours une question d'actualité.

BIBLIOGRAPHIE

An Account of the khoja sunnat jamat, khoja sunnat jamat, Bombay, 1969.

Boivin Michel (1997), « Contestation et identité chez les Khojas indo-pakistanais (1866-1986) », in *La transmission du savoir dans le monde musulman périphérique*, programme de recherches interdisciplinaires sur le monde musulman périphérique, Lettre d'information n°17.

Bavoux Claudine (1990), *Islam et métissage*, L'Harmattan, Paris.

Burton Richard (1872), *Zanzibar, city, island and coast*, vol. 1, University Press of the Pacific, Honolulu, Hawaii 2003.

Dharamsi, Moh'draza, « Message from the president of the kuwwatul islam jamaat of Zanzibar" in http://www.africafederation.org/fedsamachar/april99/apr99_znz.htm

Fazal, Abdulrazak Sheriff (1999), "A short history of Zanzibar Khojas shia ithna asheries", in *Federation Samachar*, avril, voir http://www.africafederation.org/fedsamachar/april99/apr99_znz.htm.

Haji Bibi Case (1908), "Judgement of Judge Russel," Sept., in *The Bombay Law Reporter*, vol. 11, 1909.

Janmohamad, Karim K. (1986), « The Emergence of Mombasa as the chief commercial centre of East Africa, 1895-1914 » in G. Liesegang, H. Pasch, A.Jones (Eds.) *Figuring African Trade*, Berlin, p. 571-598.

King, Noel Q. and Seyyid Akhtar Rizvi 1973), "The Khoja ithna asheri community in East Africa (1840-1967*)*", in *Journal of religion in Africa*, vol.V, fasc.1, ed. E.J Brill, Leiden.

Masselos J.C. (1978), "The Khojas of Bombay: The Defining of Formal Membership Criteria during the Nineteenth Century", in Imtiaz Ahmad (ed.), *Caste and Social Stratification among Muslims in India*, Delhi, Manohar.

Walji, Hasnain (1993), « Mulla Qadir Husein Kerbalai, », in *Shia International,* Spring, Scarborough, Ontario, Canada

"The historic Nasser Noormohamed charitable dispensary building-Zanzibar", in *Federation Samachar*, April 1999.

CONTRIBUTEURS

Sophie BLANCHY est ethnologue, chargée de recherche au CNRS, et travaille au Laboratoire d'ethnologie et de sociologie comparative, UMR 7535 CNRS – Université de Paris X Nanterre. Elle mène des recherches dans l'archipel des Comores, à Madagascar, et dans l'Océan Indien occidental sur les thèmes suivants : l'organisation sociale à Mayotte et à Ngazidja (Grande Comore), cette dernière fournissant un exemple de société matrilinéaire et matrilocale, musulmane, à système d'âge ; les pratiques religieuses à Madagascar, en particulier, sur les Hautes Terres, les cultes dits ancestraux en zone urbaine et rurale ; l'islam aux Comores et à Madagascar, les minorités musulmanes, les communautés commerçantes chiites d'origine indienne dans la diaspora: Khodjas et Bohras à Madagascar et en France, Bohras au Caire.

Historienne de formation, spécialiste de l'orient musulman médiéval, **Johanna BLAYAC** est doctorante à l'Ecole Pratique des Hautes Etudes, section Sciences Historiques et Philologiques. Après un mémoire de maîtrise consacré à l'histoire de la dynastie Tughluqide de Delhi (2004), puis un mémoire de DEA dédié aux premières communautés musulmanes du Gujarat (2005), elle étudie, sous la direction du Professeur Ludvik Kalus, les inscriptions arabes et persanes du sous-continent indien (VIIe-XVe siècles), en tant que sources pour l'histoire de la pénétration géographique, administrative et culturelle de l'islam dans cette région.

Michel BOIVIN est chercheur au Centre d'Etudes de l'Inde et de l'Asie du sud (CNRS-EHESS) à Paris et il enseigne l'histoire contemporaine de l'Asie du sud. Il étudie l'évolution des communautés musulmanes de l'aire formée par le Sindh et le Gujarat aux 19ème et 20ème siècles. Concernant les Ismaéliens, il a publié en 1998 *Les Ismaéliens : des communautés d'Asie du sud entre islamisation et indianisation* (Türnhout, Belg., Brepols), et en 2003 *La rénovation du shî`isme ismaélien en Inde et au Pakistan - d'après les écrits et les dsicours de Sultan Muhammad Shah Agha Khan* (Londres, RoutledgeCurzon), ainsi qu'une quinzaine d'articles. Sa recherche porte également sur les productions culturelles du soufisme et sur l'interaction entre islam et hindouisme à travers les cultes pratiqués dans l'aire géographique mentionnée.

Christellle BRUN est actuellement allocataire de recherche au Centre d'anthropologie – EHESS Toulouse (UMR 855). Elle prépare un doctorat en anthropologie à l'université de Toulouse sur *La communauté ismaélienne Daudi Bohra en Inde : particularisme, préservation identitaire et liens de caste*. Elle a participé à plusieurs séminaires et colloques. Son intervention au séminaire Atelier des Jeunes Etudes Indiennes (AJEI) a paru sous le titre « 'Les nourritures sacrées' : circulation des bénédictions et rassemblements communautaires dans une secte musulmane ismaélienne en Inde (daudis bohras) », *Religions et communautés religieuses dans le monde indien*, organisé par Y.Joly et J.Humeau, Kottaym.

Ludovic GANDELOT prépare actuellement une thèse d'histoire à l'université de Paris VII, sous la direction du professeur Mme Fara Rajaonah. Portant sur les Khojas de Madagascar, l'étude s'attachera à revenir sur le phénomène migratoire et le vécu de cette communauté en terre malgache. Il a participé en 2003 à une conférence à Lisbonne, Portugal, sur les communautés d'origine indienne de l'espace lusophone et de ses frontières, organisée par le centre d'étude sur le développement, ainsi qu'aux premières rencontres d'histoire de l'Afrique organisées par le CNRS en novembre 2006.

Denis GAY est docteur en anthropologie et chargé de cours en anthropologie à l'Université de Fribourg (Suisse). Il a publié une demie-douzaine d'articles, ains que l'ouvrage *Les Bohra de Madagascar : religion, commerce et transnationalité dans la construction de l'ethnicité* aux Editions Lit-Verlag, London (Collection : Freiburger Sozialanthropologische Studien) en 2007. Son principal champ d'étude est celui des communautés d'origine indienne dans l'Ouest de l'océan Indien sous l'angle de l'ethnicité et de la diaspora.

Dominique-Sila KHAN a obtenu son premier doctorat en 1981 à la Sorbonne et elle a un deuxième en anthropologie sociale en 1993. Elle réside depuis 1987 à Jaipur, en Inde, où elle travaille comme chercheuse indépendante, associé à l'Institute of Rajasthan Studies. Elle s'est spécialisée dans les interactions hindo-musulmanes en Asie du sud, et en particulier dans l'étude des branches oubliées de l'ismaélisme nizarite en l'Inde. Son premier livre *Conversions and Shifting identities : Ramdev Pir and the Ismailis in Rajasthan* a été publié en 1997 (Delhi: Manohar). Le second a été publié à Londres en 2004 sous le titre *Crossing the Threshold: Understanding Religious Identities in South Asia* (I.B. Tauris - The Institute of Ismaili Studies). Elle a également publié de nombreux articles à des publications varies en Inde et ailleurs.

Iqbal SURANI, de culture ismaélienne, est né à Madagascar. Diplômé de l'INALCO en langues ourdou et arabe, il s'est spécialisé dans la littérature des Khojas ismaéliens du sous-continent indien. Il prépare actuellement un doctorat sur la transmission du savoir religieux chez les Ismaéliens francophones à l'Ecole Pratique des Hautes

Etudes, section Sciences Historiques et Philologiques. Il a publié les *Explication des vertus de la Connaissance dans le Kalâm-i Maulâ* chez Jean-Maisonneuve à Paris. Introduit et partiellement traduit en français, ce traité est un exemple type de la pédagogie traditionnelle des ismaéliens.

TABLE DES MATIÈRES

Remerciements & Avertissement..........................7

Préface..9
DENIS MATRINGE

Introduction : Les Ismaéliens et les études ismaéliennes en France : entre orientalisme et nouvelles dynamiques........11
MICHEL BOIVIN

1. Bhadresvar : un Exemple de la Da'wa fatimide au Gujarât ?..31
JOHANNA BLAYAC

2. Le « retour » des Bohras au Caire (Egypte) : de l'Etat fatimide à la terre promise..................................49
SOPHIE BLANCHY

3. L'écriture de l'histoire chez les Khojas de l'Inde et du Pakistan..75
MICHEL BOIVIN

4. Identités séparées : dissensions et continuité dans la tradition imâmshâhî du Gujarat........................103
DOMINIQUE-SILA KHAN

5. Le Kalâm-e Maulâ est-il de tradition ismaélienne ?
....127
IQBAL SURANI

6. Islam et identité communautaire chez les Bohras de l'Inde..143
CHRISTELLE BRUN

7. Transnationalité, Religion et Ethnicité : à propos des Bohra de Madagascar...177
DENIS GAY

8. Islam shia ithna asheri et migrations chez les Khojas, 1860-1925...199
LUDOVIC GANDELOT

Contributeurs..221

644326 - Mars 2016
Achevé d'imprimer par